The visible world is
connected to the invisible world.

佳川奈未の
霊界通信☆

「目に見えない世界」と正しくつきあい、
幸運になる秘密

佳川奈未
Nami Yoshikawa

ビジネス社

聖なる「まえがき」

摩訶不思議は、あなたのふつうの日常に起こる!

目に見えるものだけがすべてではない!
それがわかるとき、人は目覚める

ようこそ、神秘とリアルの世界へ!

さて、本のタイトルを見て、いろんな受け取り方をする方がおられることでしょう。なにせ、今回は、これまでのわたしの著書とは違う内容、これまでの著書では出版を許可してもらえなかったような摩訶《まか》不思議な内容が多々ある、一風変わったものでもあるからです。

そして、まず、最初にお伝えしておきましょう。本書は、いかなる宗教とも関係ありません。臨死体験によって、目に見えない世界とコンタクトできるようになってしまった、わたしの実体験からお伝えする「気づき」と「生き方」の本です。

霊的体験やら、ハイアーセルフ、守護霊、指導霊、神さまなど、ふだんあなたが聞きなれない言葉もたくさん出てきます。

また、にわかには信じられないような内容（私自身、体験して、いまなお不思議に感じることばかり）や、本当にあった理屈で説明できないような話も多く登場します。


しかし!!　これは、なにも、気持ち悪い本ではありません。

おどろおどろしいことを書いているわけでもありませんし、怖い本でもありません。

ちゃんと、夜中にトイレにも行けます（笑）。


ここにあるのは、大いなる愛であり、思いやりであり、大切な生き方の教えです！

なにをどう考え行動し、どう生きるかで、人の人生は違ってくるのだということです。

それがわかってこそ、この目に見える現実の背後で働く、目に見えない世界のすごいパワーと守護の真相も、わかるのです！


そして、「目に見えない世界」と「目に見える世界」は、密接につながっているということです！　この真実は、もはや、疑いようがありません。

とはいうものの、何もかもがいまの科学で証明できることばかりではありません。

それゆえ、「ありえない!!」などと、反発したくなる方、信じられないという方は、なにか、不思議な短編小説でも読むつもりで、読んでみてください。

と、書きつつも、きっと、こういう本を手にするあなたは、こういうことに理解を示し、心をひらき、すでに目覚めた人になっているのでしょう！


さて、そんな本書は、ある日、担当者とカフェで雑談していたことがきっかけで誕生したものです。

そのとき、何気なく話したわたしの神秘体験を聞いた担当者が、そのような不思議が実際にあるのだということを理解してくださったおかげで、この本を世に出すことを許可してくださったのです。

許可していただいた限り、なにかしらメッセージ性のあるものにしたいと、わたし自身の守護霊さまにもお言葉をいただきながら、書き上げた次第です。

それゆえ、きっと、ここにある内容は、わたしにとっても、あなたにとっても、この地上のすべての人たちにも、なにか意味ある一冊に、気づきと霊的成長の一助になることでしょう！

さて、霊的現象が起こった多くの体験談も掲載されていますが、もはや、本書では、霊がいるとかいないとか、目に見えない世界があるとかないとか、そういうことを論じるつもりはありません。

あることが前提であり、あるということを思い知らされてしまったわたしの実体験から、お伝えしているわけですからねぇ～。

たとえば、人間はみな魂を持った生き物であり、霊魂そのものです。
自分こそ、目にみえないものでできたエネルギー体なのです。

その霊魂である人間は、生きているとき、さまざまな思いを持っています。
そして、ときには、死んでもなお、なんらかの思いを持っていることがあります。それによって、安らいだり、そうでなかったりするという真実があります。

そういうことをほんの少しでも理解しようとするとき、自分の「人間」としての〝生き方〞をみつめなおすきっかけにも、なるわけです。

というわけで、ここから、いよいよ本文に入り、あなたが知らないであろう、わたしの知っている不思議な真実について、お伝えしましょう。

きっと、何か大切なものが、心の中で見えるはず！

2023年7月

ミラクルハッピー　佳川　奈未

佳川奈未の霊界通信☆　もくじ

Chapter 1

目に見えない世界とつながる☆
――この現実世界のすべては、目に見えない世界によって成り立っている！

もくじ

Chapter 2

あちらの世界から、真相を告げにくる者
——それは、あるとき、事情を話してくれた☆ そこにある真実の物語とは!?

もくじ

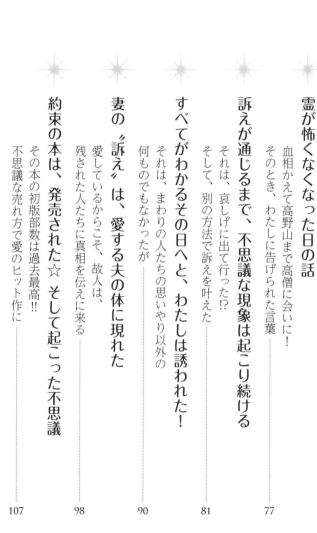

Chapter 3

霊さんと、ふつうに話せるようになっちゃいました☆

――セッションの現場から☆本当にあった、ちょっとおっかない話と教訓

もくじ

Chapter 4

大いなる存在たちと、コンタクトする

ハイアーセルフ・守護霊・指導霊からのスピリチュアル・ガイダンス

もくじ

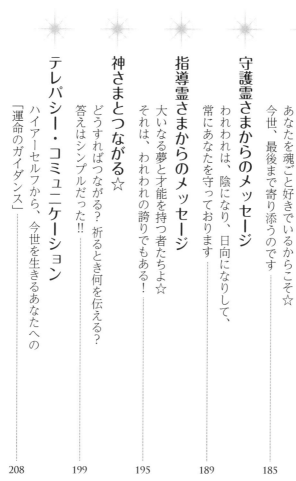

Chapter 1

目に見えない世界とつながる☆

この現実世界のすべては、
目に見えない世界によって成り立っている！

大切なものは、いつも目に見えない

目に見えないから「ない」ではなく、見えなくても「ある」尊いものを見よ

巷《ちまた》で、よく論じられること、それは、目に見えない世界というものが、あるのかないのか、ということ。しかし、もはや、そのテーマは、本書の前では論じる必要もありません。というのも実際、それがあるというのを、わたしは長年、日常的に視てきているからです。そこでの信じがたいことを、現実に体験しているからです！

そして同じく論じられる、霊がいるのかいないのか、という件も、然《しか》り！

もちろん霊はいるし、そもそも、あなたという人が、いや、人間すべてが、生きとし生けるものすべてが、霊そのものなのですからねぇ〜。そう、肉体という洋服を着て、ここにいるだけで。

よく考えてみてくださいよ。人間が、霊魂であるからこそ、死んだら、お坊さんも呼ぶし、葬式もし、七日、七日で法要もするわけです。

それは、なんのためかというと、まさに霊魂（つまり肉体から抜け出た魂）を、弔《とむら》うためです！ 目にみえないあちらの世界で、おだやかに眠ってほしいからです。とはいうものの、亡くなった方は、そこからまた天上界をめざして、いそしむことになるわけですが。

さて、もし霊などいない！ 目に見えない世界などない！ と言い出したなら、すべてが理屈にあわないおかしなことになるだけです。

すべてが科学で証明しきれるわけではなく、どう考えても理解や解明不可能なことというのは、この世の中にはたくさんあるわけですから！

そもそも科学でなんでも解き明かせると思っていること自体が問題なのかもしれません。

というのも、目にみえる世界であるこの地上の現実というのは、時間と距離と空間でできた〝制限と限界に満ちた世界〟でしかないからです。

一方、**目に見えない世界は、時間も距離もない広大無辺な、〝無限の世界〟です！　しかも、思いやエネルギーがすべて一瞬で通る世界です！　無限の可能性に満ちた、「神秘と魔法の働く領域」なわけです。**

それゆえ、「有限の世界」にいる人間が、その「無限の世界」を理解し、証明することなど、どだい無理な話なのです！

しかし、人間であるこちらが、心をひらいて、「ああ、そういうこともあるのか」と、摩訶不思議なことを理解しようとしたり、奇跡のような出来事も起こるんだなぁと感動したりすることはできます♪

実際、一度でも摩訶不思議なことや常識では考えられないような神秘体験をこの現実でしてしまうと、もはや、目に見えない世界は、「あったのだ！」と、驚きながらも理解するしかなくなります。

そして、**究極の真実である「目に見えない世界によって、この目に見える現実世界は成り立っている！」と、受け止めるしかなくなります！**

さて、いつでも人は、矛盾していることを平気で言いたがるものです。

たとえば、同じように目に見えないものである空気や風や心、インターネットの電波や電磁場というものがあることは、人は無条件に信じているわけです。

そして、目に見えなくても、すでに平気で使っているものです。活用しまくりです！

なぜ、それらは「ある」と信じられ、霊や守護霊や指導霊や神など、こちらのほうの目に見えない世界のことは、信じないのか？

たとえば、目に見えなくても、あなたには魂があり、心があり、愛があります。そして、生まれたときから、死ぬまでずっと、あなたを守ってくれている守護霊さまや、特定の分野で惜しみなくサポートしてくれる指導霊さまや、なにかと応援してくれるご縁のあるハイ・スピリット（高級霊団）さまたちがいます。

そういったものは、すべて目には見えませんが、実際あるわけで、あるからこそ、いまこうして生かされているわけです。その目に見えない背後の守護のおかげで。

いつでも、目に見えないものは、すべて、「心で感じることでわかる」ということです！

そして、心を通して、**「目に見えない世界と目に見える世界は、密接につながっている」とわかるとき、あなたは、無条件に高い領域とつながることになり、あなたを守る守護霊、指導霊、ハイ・スピリット、神々と、ますます強い霊的パイプで結ばれるようになります！**

そのとき、日常に何かが起こるのです！　偶然、必然かつ自動的に！　いったい、どんなことが起こるのでしょうか？

では、ここから、本格的に、神秘の世界の「幕開け」と、まいりましょう！

目に見えない世界とつながったきっかけ

視える・聞こえる・わかる☆ それは、まだ10代のわたしに降りてきた！

目に見えない世界につながった、最初のきっかけは、わたしがまだ10代の頃のことでした。

生い立ちがとても辛かったわたしは、17歳の高校生の頃から、ある尼僧さまのところに通うようになっていました。それについては、別の著書に書いているので、ここでは詳しくふれませんが、とにかく父と母が離婚し、その後、母が連れてきた男に、しつようにいたずらや虐待行為（精神的にも、肉体的にも）を繰り返される日々が続いていたのです。

当時は、まだ携帯電話もインターネットもない時代。辛い状況や、胸の内を、家庭内の問題を、10代のわたしが相談できる場所も、そういったものがどこにあるのかを調べる術《すべ》もありませんでした。

それゆえ、誰にも事情を言えず、10代の頃は、自殺することばかり考えていました。実際、そんな行為に出たりすることも多々ありました。

しかし、死ねるわけもなく……。

せめて、心の拠《よ》り所《どころ》だけでもほしい、ひとときだけでも難から逃れ、身を寄せる場所がほしい！　と、思ったことから、ある尼僧さまのところにせっせと通い詰めることになったのです。まるで、〝最後の砦《とりで》〟であるかのように！

実際、そこに行くことだけが唯一、救われる時間でした。

そして、そこで尼さまにすべてを打ち明けては、尊いお説法を聞かせてもらっていたのです。

「尼さま、わたし、もう、死にたい!! こんな辛い現実、生きてるのいやや!!」

「死んだらあかん…… そして、それでも感謝や……。今度その男にひどいことをされたら、その瞬間、心の中で〝ありがとう〟を唱えるんや。そしたら、辛い気持ちも消える……」

「えっ!? どうしてですか!? なぜ、こんな悲惨な状態に、あんな家庭に、感謝する必要があるんですか!? 尼さま、聞いてくださっていたでしょ、わたしの話を! それなのに、なぜ、辛いほうのわたしが感謝するんですか? どうして!?」

「ええか! 誰かひとり、賢くなったらええんや。あんたがあの家で、真っ先に、ひとり賢くなったらええんや。そしたらお母さんも変わる……。

とにかく、ここに来たくなったら、いつでも来たらいい。せやけど、死ぬことだけはあかんで」

納得できない気持ちではあったものの、わたしは、それ以降、家の中で、あの男が、母のいないときにひとりできて、わたしにいやなことをしたときも、母の前でありながらも食事のときにわたしを虐待していたときも、わたしはひとり泣きながらも、心の中で何度も、何度も、唱えていたのです。

〝ありがとうございます…　ありがとうございます…　ありがとうございます…〟と。

とにかく、毎日、どんないやなことがあっても、辛いことがあっても、何があっても、何があっても、何があっても!!


それはどれくらい続いたのか……。あるとき、不思議なことが起こりました。

それまで男の顔色ばかり見て、わたしがひどい目に遭《あ》っていても、男を制する術を持たなかった母が、男に反撃するようになったのです。

「この子に、そんなひどいことするなら、もう来んといて!」と。


そして地獄のような、悪夢のような人生が、いつしかスーッと消えていったのです。

やがて母は男と別れ、わたしは救われたのだ!


尼さま、観音様、お不動様、神様……。

ありがとうございます、ありがとうございます!!

そんななか学校を卒業し、銀行に就職。19歳になったときのことでした。

いつものように尼さまのところに行き、お不動様と観音様を前に手をあわせていると、尼さまがこう言ったのです。

「あんた、今日は、わたしが唱えるのにあわせて、このお経を唱えてごらん」

「はい。わかりました」

手渡された経本《きょうほん》をひらき、尼さまの声にあわせて、観音経を唱えていたときのことです。

何分、経った頃でしょうか……。


ある瞬間、とても澄み切った美しい、この世のものではないような音というか、まるで鈴のような、流れる水のような、清々しく、神々しい、澄みきった美しい音が、声が、わたしの耳に聞こえてきたのです。

最初、尼さまと自分の声の共鳴現象かと思いました。それで、わたしは一瞬、お経を唱えるのをやめてみたのです。

しかし、その美しい声は、ずっと聞こえる！

しかも、不思議なことに、聞こえてきたとき、一瞬で、なんともいえない〝至福感〟に包まれ、空を舞うような優しく、大きな安堵に満たされたのです！　そして、次の瞬間、「あっ、観音さまだ！」と、わかったのです。

それは、他人に言葉などでは詳しく説明できないような感覚であり、わたしがそれをそうだと思うだけで、そう理解するだけで、よかったのかもしれません。

神秘体験というのは、いつも体験する本人にのみ、意味があり、その瞬間、その人のなにかを救うだけだからです！

すると、それまでお経を唱えていた尼さまが、突然、唱えるのをピタッとやめ、後ろにいるわたしのほうに、くるっとふりかえって、こう言ったのです。

「あんたに、いま、霊感降りたな！」

「えっ!? なぜですか？ どうして、そうだと、わかるんですか？」

「聞こえたやろ？」

「はい、聞こえました！」

「尼さまにも聞こえましたか？」

「いや、何もわたしには聞こえてない。あんたに聞こえたのがわかったんや」


尼さまは、霊能力があり、いつも、よく何かを言い当てるのでしたが、このときばかりは驚きました。というのも、あの澄み切った声、この世のものではないような声は、わたしの耳にのみ聞こえているのに、それをわかったのですから！


そうして19歳のそのときから、いろんなものが視《み》えたり聞こえたりしてきたのです！

しかし、それは決して、うれしいことではありませんでした。

というのも人の心の裏までも、ぜんぶ視えるということであり、わかるということなのですから！ つまり口で言っていることと、腹の中が違う、そんな人間のすべてが視え、そのことにとても苦しむことになり、よけい人間不信になってしまったからです。

いったん、消えてしまった霊感☆

お腹の中にいた子が、わたしの運命を知っていた！
その出来事

心の拠り所としていた尼さまのところに、とにかく、わたしはずっと通っていました。銀行を辞めて、その後、劇団に入り、そこで出逢った人と結婚し、妊娠し、出産し、子どもが増えて、子育てで大変な中でも！

そして三男をお腹に宿していた、ある日のことです。

また、いつものように尼さまのところに行き、尼さまと一緒に、観音様、お不動様の前でお経を唱えていると、突然、いつになく胎動《たいどう》が激しくなり……。

と、その瞬間、また、尼さまが、後ろに座っているわたしのほうをふりかえって、こう言ったのです。

「あんた……明日からは、もう、ここへ来たらあかん」

「えっ？ どうしてですか？」

「あんたのお腹の中の子が、〝お母さんの進む道は、こっちじゃない!! お母さんをもうこれ以上、ここに来させないで！〟と、うるさく言うから、落ち着いてお経が唱えられない（笑）」と。

「……お腹の子が？」


しかし、尼さまが、いや、お腹の子がそういうのだとしたら、しかたない……。

そう思って、それ以降、わたしは、そこに行くのをパッタリやめたのです。

すると、不思議なことに、その日から一切、視えたり聞こえたりしなくなったのです！

なぜか突如、霊感がすっかり消えてしまったのです！

もう何も視えない、聞こえない！

「ああ、でも、すっきりした！　これで、よかったんだ。すべてをわからずに済むし、もう、ふつうの生活ができる!!」と、ちょっとほっとしたものです。

なにせ、それまでは、人の気持ちの裏表だけでなく、いないはずの人、つまり、亡くなった人までもが、道路や街のあちこちで、ふつうに見えていて、なにかを訴えてきていたのですからね。

臨死体験から突入した、サイキックな人生

いのちの極限でそれは突然、現れた！ そして、生かされる条件とは？

人生の流れは、ごく自然に、歩むべき〝本当の運命〟のある場所へと人を導くものです。ときには、予想外の出来事を通して！

…そう、もし、結婚生活がうまくいっていたら、もし、そこでの人生に申しぶんのない幸せがあったなら、きっと、わたしは作家になっていない!!

結婚生活は、本当に辛いことが多かった…　ああ、それでも唯一、幸せだったと言えることは、子どもたちを授かったこと！ それだけだ。

きっと、この子たちを地上に降ろす必要があって、わたしはあのとき、あの人と結婚したのかもしれない。いまとなっては、そう確信する以外ないような人生の中にいるわけで。

作家デビューし、上京したのは42歳になってからのことでした。

その際、10代の頃、尼さまのところで譲り受けた観音様とお不動様とともに、3人の子どもたちと上京したのです。

すでに、わたしが最後の砦としていた尼さまは亡くなっており、母も亡くなっており、それゆえ実家も応援してくれる人もない中、わたしは所持金9万円、シングルマザーという状態で、右も左もわからない出版の世界に飛び込んだのです。


そして上京後は、夢みていた仕事に就けたことがうれしくて、「ベストセラー作家になるぞ！」「やれるところまでやるぞ！」と意欲的で、つねに3年先まで仕事をぎっしり入れている状態にしていました。

売れっ子のアイドル歌手たちがよく使う言葉、「殺人的スケジュール」に憧れて、そんな日々を生み出しては、当然のことのように毎日を過ごしていました。

それは時間的にも、体力的にも、辛いところはあったものの、精神的にはとても満たされたものでした。

しかし、その忙しさは半端《はんぱ》なく……。

やがて、自宅になど帰れないほどとなり、子どもたちとまったく一緒に食事をすることすらできないほどでした。つねに仕事に明け暮れ、書くためにホテルにこもり、活躍の場をひろげようと全国各地のみならず、海外にまで飛びまわっていたのですから！

けれども、やはり、そんなふうに多忙にし、ときには飲まず食わずで自分を追い込んで、必死にがんばるだけの生き方が、いいとはいえないものです。

ある日、とうとう心も体も時間も仕事も、受け入れキャパの限界を超えて、わたしは倒れたのです。

その病院の中で、不思議な神秘体験をしました。

それは、集中治療室に入って、瀕死《ひんし》の状態にあったときのことです。

もう死ぬかもしれないと感じたとき、走馬灯《そうまとう》のようにこれまでの人生がわたしの中をものすごい速さで駆け抜けていきました。そして、わたしがその瞬間にみたものは、この人生で自分を助け、支えてくれた人たちの顔と思いと感謝……。

そして、子どもたちの顔と、子どもたちへの、とてもシンプルなふつうのこと、けれども本当は最も尊いことであろう思いでした。

「ああ、子どもたちと、もっといろんな話をしたかった！」

「子どもたちに、もっともっと自分の手料理を食べさせてやりたかった！」

「子どもたちと一緒に、旅行もしたことがない……。

もっと、あちこちに連れて行ってあげたかった！」と。

そして、

「あの人に、会いたい……」と、当時好きだった人への想いが。

そして、次に、猛烈な後悔とともに、こんな思いがやってきたのでした！

「ああ、子どもたちに生きる術《すべ》を、大切なことを、残してやりたかった！

お金を残すのではなく、わたしが死んだあと、この子たちが、人生で道に迷ったときや困ったときに、ちゃんと自分で答えを出して、前に進めるような生き方を、教えておいてやりたかった！

もう、本はたくさん書いた……。でも、わが子に、そんな大切なことがまだ充分できていないのに、ここで死ぬわけにはいかない‼」と。

そして、このとき、わたしはハッと気づいたのです。

ああ…わたしは、自分のために生きたい！　というのではなかったんだ‼

そうか！
人は、誰かのために生きているものであり、神によって生かされているだけなんだ！
でも、生かされているといっても、命は、予告なしにとられるものなんだ！と。

そして、心臓の激しい痛みに耐えきれず、意識を失いそうになったとき、ハイアーセルフが現れて、ある言葉を投げかけてきたのです。

それが、ハイアーセルフであると直感的に、確信的にわかったのは、それが外側ではなく、他でもない、わたしの内側から、現れたからです！

ハイアーセルフとは、ひとことでいうと、いと高き自己。自分の中の、よりハイ・レベルな高次元に存在する自分。それは、魂そのものであり、魂の情報を持つエネルギー!!

そのハイアーセルフは、心臓のちょっと後ろの小さな光の点（生命の源）のあたりにある！　ちなみに、その光が消えるとき、人は死ぬのです…。

その光の源から、生命の根源から、魂から、ハイアーセルフは、わたしにこう問いかけてきたのです！

「今世、充分、自分自身をまっとうしましたか？」

「今世、本当に、人をちゃんと愛せましたか？」

「今世、この人生に、やり残しはありませんか？」

その問いかけがきた瞬間、なぜか、ぽろぽろと大粒の涙がこぼれ落ち、わたしは、涙を流しながら（といっても悲しいのではなく、ただ、とめどなくあふれるまま）、即答していました。

「いいえ！ いいえ！ いいえ！」と。そして、まだ、何もちゃんとできていない！ しかも、まだ、誰の役にも立てていない！

〝今世、わたしは、自分のミッションを何ひとつ、まともに終えていない！〟という強烈な思いに圧倒されていたのです。それは、後悔にも似たものでした。

すると、なぜか、次の日から急速に快復したのです！

快復させてもらえた理由、瀕死の状態から救われ、生かされた理由は、ただひとつ。そう、「この人生で、なにもまともに終えていない！」と、わたしが〝正直に答えたから〟だと、直感的に感じていました。

そう、クリアすべき課題が、わたしには、この人生にまだ残っていたからです！ そして、それを自覚できたからです！

そうであるからこそ、この厳しい魂の修行の場である地上に残る羽目に、いや、まだまだ生かされることになったのでしょう。

ちなみに、**生かされるとは、すべき課題をクリアする必要があるということであり、今世のミッションをやり切る必要があるということです！**

それは、まさに神様があなたにしてもらいたいことであり、あなたがしたいことです！

それをしっかり、今世、この人生で完了しなくては、天に帰らせてもらえないということだったのです！

逆にいうと、お役目が終わってないうちは、どんな瀕死の状態になっても、絶対に、命を取られることはない！

〝待っている続きの人生〟に放り込まれることになる！　ということです。

それはある意味、安心なのかもしれません…まだ、なにひとつ、人生が片付いていない人にとっては。

あなたの中にあって、あなたを導く者とは⁉

それは、あなたを安心させ、楽に、ナチュラルに、幸運側へと導く

大いなる守護と、慈愛に満ちた導きをくれるハイアーセルフという存在が自分の中にあって、心から話しかけると、そのつど応答してくれるということがわかったのは、退院後、思うように仕事ができず、苦しんでいたときのことです。

なんとかパソコンに向かって仕事をしようとするも、そのたびに心臓が発作を起こし、パソコンを閉じるしかありませんでした。

「いったい、どうしたらいいの……。
命だけは助けられたけれど、どうやって生きていけというの？
思うように書く仕事もできない体になるなんて……」

ちなみに、あとで理解できたことですが、**思うように仕事ができないという不本意な状態を与えられてしまうことすら、本当は、大いなる神の愛であり、守護なのだということです！**

そう、それ以上、無理させて、あなたの心を、体を、壊さないために！　タイミングよく、最も良い形で、復活させるために！　そうすることで、守護しているということなのです！

つねに、あなたを守ろうと働いている〝いと高き自己〟であるハイアーセルフや、高次の存在である守護霊や指導霊や神様は、あなたに休息を与える必要があるときには、いやでも、休息させるべき状態を与えるしかないということです。

そして、こちらが悲しいとき、背後で守ってくれている高次の存在たちもまた、悲しみ、一緒に泣いてくれているものです。なんとか、この場面を、無事に過ぎさせたいと！

ああ…それにしても、思うように仕事ができないのは辛いものです。気持ちはあっても、体が動かないのは、なんともやりきれない！

「いったい、どうしたらいいの⁉ どうしたらいいの⁉ どうしたらいいの⁉」

心の中で、そう叫んだあと、ふと気をぬいたそのときです！

突如、また声が聞こえたのです！ それは、わたしの声なんだけれど、わたしの声より低く、深く落ち着いていて、どっしりとした安心感のある、尊い感じの声、ハイアーセルフでした。それは、こう告げてきたのです。

「わたしたちが、あなたを、楽に、前に進ませます……」

それは、いや、あの臨死体験のときもそうでしたが、口で会話するという類《たぐい》のものではなく、「テレパシー」で伝えてくるという感じのものでした！

その瞬間、わたしは、心の中で、自分が自分になにかを問えば瞬時に応える、自分ではない自分以上の何者かが存在していることを、確信したのです。

同時に、〝内なる世界に向かい、なにかを問いかければ、そこにいる尊い存在が、そのつど答えてくれるんだ!!〟と、わかったのです。

そして次に、心の中で、こう問いかけてみたのです。

「あなたを楽に、前に進ませますって、いったい、どうやって?」

「…ファンとともに旅を」

「えっ? 旅行の企画をするってこと?」

「…そこには、多くのよろこびがあるでしょう」


ちなみに、**ハイアーセルフは、「〇〇しなさい」とは言いません。なんの命令も強制もありません。ただ気づくべきこと、ひろいあげるべきことを、シンプルな単語で、テレパシーで、伝えてくるだけです!**

そして、たいがい、そのシンプルなひとことで、大きく運命が動くもの!


「…ファンとともに旅を」

そう言われても、そのときのわたしの体調は、まだ万全ではありませんでした。けれどもハイアーセルフは、なにかを間違って教えることはありませんし、いいかげんなことを言いに来る存在ではありません。

それゆえ、わたしは、その件について、ちょっと考えてみようかなぁと思ったのです。といっても、なにもまだ具体的に考えられずにいて、なにから手をつけたらそうできるのかもわかっていなかったので、動く気にもなっていませんでした。

それゆえ、ハイアーセルフの言葉を受け取ったあと、何もせずにいました。

すると後日、取引先の担当者から突然、メールがきたのです。

それは、彼の会社で新規事業を立ち上げたという、あいさつメールでした。そして、そのあいさつのために、担当者を紹介しておきたいと。

そのメールに、なんとなくわくわくしたわたしは、体調が万全ではないことは隠したまま、彼らに会うことにしたのです。自宅の近くのカフェまで来てもらって。

そして会って、驚きました！　というのも、その会社が立ち上げた新規事業というのが、旅行企画・旅行代理店だったからです！

しかも、第一回目の企画として、わたしとファンとの旅行をぜひやらせてほしい！　というのですから！

それを聞いて、すぐにピンッときました！

あっ、ハイアーセルフが言っていたことだ！　と。そして、「わたしたちが、あなたを楽に前に進ませます」と言っていたのは、こういうことだったのか！　と。

そう、わたし自らが何も動かずとも、ハイアーセルフたちは、必要な人たちを動かし、着々とわたしの運命を動かしていたのです！　いや、わたしも含め関係する人たちすべての運命を同時に自然に動かしていたのです！

おかげで、その場で旅行企画が決定しただけでなく、わたしの新たな活躍分野として、彼らとともに、いくつもの旅行企画が続くことになったのです！

もちろん、ファンの方々がよろこんでくださったのは、なによりうれしいことでした。

しかも、その旅行企画が好評であったため、彼らにとっても良い経験となり、その後の企画や発展に役立つことになったのです！

そして、わたしは、この不思議なタイミングでやってきた幸運の流れのおかげで、書くこと以外の楽しい仕事に恵まれながら、再び大好きな書く仕事へと導かれ、ナチュラルに復活することができたのです！

ちなみにハイアーセルフは、弱ったあなたに、つねに、優しく、こういうものです。「この地上で、あなたにやっていただきたい神の仕事（魂のミッションの仕事）があるかぎり、あなたを絶対、倒れさせません。わたしたちは総力をあげて、あなたを完全に守ります」と、ほほえみながら。

ハイアーセルフとつながる☆

「わたしたちには人間のような顔や形はありません」では、どうやってつながる!?

さて、ハイアーセルフは、なにも、わたしの中にだけいるのではありません。誰の中にもいます！　もちろん、あなたの中にもいます！

というのも、**ハイアーセルフというのは、いと高き自己であり、本当は、あなた自身でもあるからです！**

あなたの中にある、より高い部分であり、高次の領域につながっているエネルギーです！

あなたの魂そのものであり、魂の全情報を持つエネルギー的存在です！

また、魂であるがゆえに、輪廻転生をこれまで何度も繰り返しており、あなたの過去、現在、未来のすべての情報を持っており、目に見えない世界の高次の存在たちとも、密接につながっています。

過去、現在、未来の情報を持っているということは、あなたの運命がここからどうなるのかもすべて知っているということであり、それゆえプロセスも結果もわかっており、行くべき場所へとあなたを誘うことができるということです！

そして、**つねに、あなたの内にあり、内側から、あなたを導くものです。**

そのハイアーセルフは、心臓の後ろの生命の源である光の点滅箇所にあり、語りかけてくるときには、あなたの胸を前に、くっと押し上げるようにして、やってきます。

そしてハイアーセルフは、こう伝えています。

「わたしたちには、人間のような顔や姿や形はありません。あなたと会話する口などもありません。それゆえ、あなたがたに伝えたいことのすべては、高次の情報伝達であるテレパシーで行われることになります。

あなたがたは、つねに、わたしたちとつながっているので、ハートを通してそのテレパシーを受け取ることができます。ハートがひらかれた状態、魂の目覚めた状態でいてくださると、わたしたちは仕事がしやすいものです。

あなたがたの中には、自分の心に向き合うことよりも、他人の意見に向き合うことをメインにして生きておられる方もたくさんおられます。しかし、もちろん、そういったものを参考になさることも、人間社会においては、ある意味、必要なときもあるでしょう。しかし、あなた自身の最も高い幸福につながるものは、いつも内側からやってくるのです。それをわかっていただけるなら、わたしたちは、あなたがたとつながりやすくなり、より一層たやすく、あなたがたをサポートすることができます」

さて、ハイアーセルフは、語りかけてくるときは、いつでも、「わたしたち」と名乗ります。絶対に、「わたしが」とか「わたしは」とは、言いません。

というのもハイアーセルフには、人間のような〝自我〟がないからです。

また、なにか多くの人たちに共通して伝えたいことがあるときは、「あなたがた」というように表現するものです。

ちなみにハイアーセルフではなく、あなた自身の魂でもなく、内側からでもない、他からの、低次元の存在たちがあなたになにかを伝えるような際には、「わたしたち」とは言わず、「わたしが」と、言ってくるものです。自我のあるもの言いです。そして、そういう低次元のものは、たいがい、なにか要求めいたもの、命令的なもの、強制的なもの、怖がらせるようなものを含ませて、ものを言ってくるものです。

万が一、そういったものが語りかけてきているように感じる場合は、決して相手にしてはいけません。感情移入してはいけません。無視しておくことです。無視すると、消えます。

さて、高次の存在であるハイアーセルフが、なにかを語りかけてきた際には、それがそうだとちゃんとわかります。というのも、そのとき、なんとも言えないとてつもない、あたたかいもの、優しいもの、慈愛に満ちたもの、感動に包まれるからです！

そして、いつでもハイアーセルフは、あなたが素直に自分の心に向き合い、問いかけると、惜しみなく言葉をくれ、必要なことを教えてくれます。

しかし、そういう尊い大いなる存在が自分の中にいるとは、言葉をくれるとは、サポートをしてくれるとは、多くの人は知らないものです。

また、ハイアーセルフが目に見えない高次の存在たちともつながっていて、現実社会の中で必要な人々をタイミング良くつなげて、何かを成し遂げるという力を持っていることも、そして、そこから、その人の運命が大きく動くのをサポートしているということも、誰も知らないものです。

とにかく、あなたが心の内側でハイアーセルフにふつうに語りかけるとき、あなたは、〝目にみえない領域〟に、瞬時にアクセスしていることになり、必要な情報を、なんらかの言葉として受け取ることができるのです。

そして、**それはいつでも、あなたに語りかけられるのを待っています！**

あなたが語りかけ、何かを問うときには、あなたの助けになろうと、よろこんでサポートしてくれ、有意義に働いてくれます！

そのとき、背後に連なる大いなる存在たちとうまく連携し、必要な人々をこの現実世界で適切に動かし、運命を動かす出来事を生み出し、未来へのより良いコースを用意し、あなたを助けてくれるのです！

そして、ハイアーセルフは、わたしがこのページを書いているとき、「なにか、感動的な言葉をくれるかなぁ？」と、ふと、思った瞬間（なにかを思うだけでも、反応してくれることがある）、大きな慈愛とともに、こんな言葉を贈ってくれました。

「わたしたちは、あなたのそばを片時も離れることがありません。
あなたがたが、わたしたちに語りかけてくることがなかったとしても、
そうする術を持っていなかったとしても、

わたしたちは、つねに助け船を出しております。
それにあなたがたは気づくものであり、
そのときわたしたちはホッと安堵するのです。

しかし、もっと、あなたがたが、自分の内なる世界を信頼し、
わたしたちにサポートを求めてきてくれたなら、
こんなにうれしく、ありがたいことはないのです。

なぜなら、わたしたちのお役目、ミッションこそ、
この地上で日夜、奮闘する、
かけがえのない大切な存在であるあなたがたを、
守り、導き、救い、引き上げることだからです」

神の意図するミッションとは!?

誰もが、同じ、〝尊い役割〟を持って生まれてきている☆
それは、何？

前項で「ミッション」という言葉が出てきましたので、ちょっとお伝えしましょう。
ミッションには、その本人が個人的に目指すものと、誰にでも共通するといえる〝神の意図〟としてのものがあります。

その万人共通の、神の意図とするミッションはというと、ズバリ答えは、〝自分らしく生きる〟ことです！

神がわたしたち人間を、ひとりひとり違う顔、違う声、違う考え方、違う個性、違う能力、違う才能、違う可能性、違う環境、違う人生コースを持たせたのは、そうすることが正しいからです！

そもそも、あなたを創造した主、天、神様、絶対的法則は、とてもシンプルにできていて、あなたに難しいことを一切、言いません。

シンプルに、〝あなたがあなたらしく生きる〟ことを望み、よろこびとしているものです。

桜が桜らしく、ひまわりがひまわりらしく、コスモスがコスモスらしくあればいい！

人間もまた、然《しか》り！　だと。

そうすることこそ、その花たちが、今世、生まれてきた自分のミッションのおおもとを、そのまま遂行することになるということであり、そのおおもとのミッションを叶えておくことで、そこから生み出される好きなこと、やりたいことをやるという個人的なミッションも叶いやすくなるということです！

そして覚えておきたいことは、

〝自分らしく〟あるとき、あなたは、最も美しく、最も強く、無敵だ！　ということです。

というのも、あなたとまったく同じ人など、この世にひとりもいないからです！　あなたこそ、唯一無二《ゆいいつむに》の存在となるからです！

逆にあなたが自分と誰かを比べ、自分もその人のようになりたいと思ったり、その人と比べて自分のほうが劣っているなどと言い出すとき、最も弱く、脆《もろ》く、最も虚無で無防備な、危うい存在になってしまうものです。

自分を見失うことになるからです！

さて、もし、ひまわりが桜を見て、こんなことを言い出したらどうなるでしょうか。

「桜さん、あなたはいいわねぇ～、きれいなピンク色で、けなげで美しいわ。それにひきかえわたしは、こんな派手な色で、いやになっちゃう。あなたのように春になったらみんなにちやほやされる存在になりたいわぁ～」と。

しかし、もし桜さんが自分らしさを大切にし、自分を好きでいて、認めていて、他の存在の自分らしさも尊重し、好きで、認めており、ニュートラルな状態にあるとしたら、ひまわりさんに正しくこう言うことができるでしょう。

「あらあら、ひまわりさん。そんなことを言うものじゃないわよ。あなたはあなたのままで素敵で、それを認めて然るべきよ。実際、あなたは素晴らしいわ！　あなたのおかげで、まわりが元気になり、まわりが明るくなるものよ。それって、本当に尊く、素晴らしいことよ♪」と。

実際、そうです！

決して他人と比べて自己卑下《ひげ》したり、自分をくさしたりしてはいけません。そんなことをすると、そのまま、あなたを創造した神を、侮辱《ぶじょく》していることになるからです。なにも侮辱する必要はないのです。
神は神であるがゆえに、パーフェクトにあなたという素晴らしい人間を創造したのですから！

ちなみに、**あなたが自分らしくあるとき、自然に、キラキラ輝く人になります！**
魂がよろこび、潤うからです！

そのとき、そのあなたの光をめがけて、幸運や、素敵な出来事、良い仲間、運命の人が、自然と惹《ひ》き寄せられてくるようになります！　すべては自然につながり、良い関係を成り立たせ、ごくふつうに愛をわかちあうものです。そう、なんら相手を操作したり、コントロールしたりしなくても！

その際、さらに愛されたいというのなら、まず自分から先に、相手に惜しみなく愛を、理解を、思いやりを、差し出すことです。人は、自分が差し出したものを、受け取るだけだからです。

そして、自分らしく輝いているとき、あなたはありのままでいても、とても調子がいいもので、ふつうに好きなこと、興味あることにかかわれますし、どんな道を選ぶのもかんたんになり、それを思う存分うまくやることができます！

そして、**何を隠そう！　その、あなたのやりたいこと、叶えたいこと、実現したい夢こそ、神があなたを通して、この地上で叶えたいことなのです！**

あなたの今世のミッションとは⁉

それは「使命」☆
この人生の時間を惜しみなく使ってしたいことは、何？

自分の魂そのものであり、魂の根源のエネルギー、自分を創造した神の領域とそのままつながっているハイアーセルフは、あるとき個人的な「ミッション」について、こう教えてくれました。

その言葉を、再び、ここに降ろしましょう！

「あなたがたは、本来、純粋なエネルギーのかたまりです。
そこには、ユニークな個性があり、その人特有の趣味嗜好《しこう》があります。
また個人的に好むもの、意識が向くもの、心が躍るものが、
最初から魂に、ハートに、備わっています。

そして、あなたがた個人にとっての、好きなもの、やりたいこと、
適ったもの、進みたい道、うまくいく道は、
いつも、その、備わったもの（内包するもの）に
素直にかかわることで、うまくいくのです。

その、好きなこと、したいこと、うまくいく道が、
いったい何なのかを、多くの人は、迷いがちになるものです。
が、それはいつでも、頭という理屈でそれを見つけようとしたり、
他の人を見たり、比べたりして、
世間一般に合わせて見出そうとするから、わからなくなるのです。

あなたがたに、わかっていただきたいことは、
わたしたちは、外側から、社会的な条件から、
あなたがたをミッションの道へと導くのではないということです！

あなたがたが、本来持っている本質的なことから、素直な思いから、
抱いた興味や、好き、やりたいことから、
また、それに対する願いや夢や志、
愛と希望と意欲や可能性をおもしろがる気持ちから、導くだけです。

あなたがたの個人的なミッション、幸せになる道、うまくいく道、
生まれてきた意味を感じる道である尊いミッションは、
生まれる前から、あなたがたの中にセットされております。
それは、この地上に降りてくるときに、魂に、ハートに、内側に、
セットされているものであり、
思い出すだけで引き出せるようになっています。
思い出すには、いつでも、素直に自分の心に向き合うだけでいいのです。
決して、忘れたり、失ったりすることがないようになっています。

その持ち物がないと、なんのためにこの地上にやってきたのか、

それさえも無駄《むだ》になってしまうからです。

それがなんであるのかを、思い出し、手にとり、かかわりたいときには、いつでも、純粋なエネルギーの領域である自分の心に向かう、あるいは、わたしたちの名を呼んでいただければ
（ハイアーセルフさんと呼んでいただければ）
いつでも、それをハートの中にお引き渡しできます。

この地上で忘れることがなく、失われることもないそれは、オギャーと生まれたとき、いったん忘れ去られるようになっています。
というのも、思い出すプロセス、そこにむかう途中経過に、重要な「生きる意味」があるからです！

そのプロセスには、気づきや学び、得るものがたくさんあり、それを獲得していく中で、あなたがたは成長し、魂を磨き、力をつけ、

魅力を増し、人間的器を大きくし、
自分をうまく育《はぐく》み育てることになるのです！
そして、そうやって、
より高い次元へとシフトするにふさわしい波動をまとい、
たどり着くのにふさわしい世界へと入っていくのです！」

さて、**ハイアーセルフは、ダメ出しをしません。**

あなたが未熟であったとしても、何かをうまくやれずとも、正解からまだ遠くにいたとしても、ただ、ほほえんで、辛抱強く、愛と慈悲と光の中で見守ってくれるだけです。
そして、ひとたびあなたが何か大切なことに気づき、成長したとたん、瞬時に、チャンスを差し出し、あなたのためのより善なる場所へと導くのです！

Chapter 2

あちらの世界から、真相を告げにくる者

それは、あるとき、事情を話してくれた☆
そこにある真実の物語とは!?

ある日、亡くなったとは知らなかった担当者が家に現れた!!

わたしに気づかれるのを待ち、死の真相を告げに来た彼女の真実

それは、ある本の企画が通ったあとのことでした。その企画は、某雑誌の取材で出逢った新人編集者Kちゃんが、書籍編集部に配属となって、初めて会議で通ったものでした。彼女は、わたしの熱烈なファンであったことから、「佳川奈未本をつくりたい♪」という希望を持っていて、ようやく念願叶って編集部配属となり、本当によろこんで、わたしにこう言ったものでした。

「憧れのなみさんの本を自分がつくれるなんて、うれしくて、うれしくてたまりません!!とっても幸せです♪　やる限り、絶対にわたしが、なみちゃん本をヒットさせますから♪」と。

彼女は、雑誌の仕事でご一緒していた頃から、とても前向きで、明るく爽《さわ》やかで清らかな心の人で、素直で、よく気のきく人でした。どんなときも笑顔をたやさず、「こんない

い子は他にいない！」と惚《ほ》れ込むほどいい仕事のできる人で、わたしも彼女との初の本づくりをとても楽しみにしていました。

しかし、初めてのその本の制作は、半年後に取りかかることになっていました。

というのも彼女は妊娠していて、出産を終え、半年経って落ち着いたときに、会社に戻ることになっていたからです。そこで、もう一度、タイトル案などの打ち合わせをして、そこから、わたしが書き始めるという流れになったのです。

それゆえ彼女と、編集長と、わたしの秘書とともに、彼女が産休に入る前に銀座のカフェで、おいしいケーキを食べながら、こんな会話をしていたのです。

「というわけで、なみさん、こちらの都合で、6か月間、お待たせしてしまうことになりますが、よろしくお願いいたします！

産休に入る前に、どうしてもわたし、直接なみさんに会って、お顔を見て、お話ししたかったんです。今日は、お忙しい中、お時間をいただき、本当にありがとうございます。

会社に復帰したら、一番になみさんに連絡しますね♪　わたし、絶対にやりますからね！」

「Kちゃん、ありがとう♪　とにかく、いまは何も気にせず、元気な赤ちゃんを産むことだけを考えてね。仕事のことは何も気にしなくていいからね。ねぇ、編集長！」

「もちろん！　赤ちゃんとご主人のこと、自分のことをしっかりして元気に復帰してくれたら、それでいいからね。みんな、君の帰りを待ってくれているから、まずは、出産をしっかりね」

「はい♪　ありがとうございます」

それは、ごくふつうの場面でした。


ところが、わたしには、ひとつだけ、奇妙に感じたことがありました。


それは、彼女のオーラが真っ黒、いや、まっ暗で、ひとりだけ、暗闇の中にいるかのように映《うつ》ったことでした。

その席には、合計４名いましたが、みんなの姿はふつうに見えるのに、なぜか、彼女だけ、そこにいるのにそこにはいないかのようにまっ暗な中にいて、影がなく……その状態が気になってしかたありませんでした。

隣に座っている年配の編集長は、深いグレーの洋服を着ているわりには明るく輝いていて、秘書も黒い服装でしたが、特に暗くは映りませんでした。

しかも、その店内も、その席も、窓際のとても明るい席でした。

それゆえ、なぜ彼女だけが別の暗闇空間にいるかのように真っ暗に映るのかが、奇妙に思えてしかたなかったのです。そのとき、こう感じたことを、いまも、よく覚えています。

〝あれ？　Kちゃんだけ、なんで、こんなに暗く見えるの？

新婚さんで、まもなく赤ちゃんも生まれるという、女性の人生の中で、最も幸せな瞬間にいるはずの彼女のオーラが、どうしてこんなに真っ黒、いや、まっ暗なのか!?

こんなオーラ、人がこんなふうに見えるのは、初めてだ……〟。

そう思いつつも、同時にこうも思っていました。

〝きっと、彼女は、家庭と仕事の両立で、かなり疲れているのかもしれない…〟と。そして、あまり深く考えないようにしようと思い、雑談しているうちに、すっかりそのことも忘れていました。

「じゃあ、なみさん、6か月後にまた♪　復帰したら、連絡しますね！」

そして彼女との初めての本については、わたしは引っ越したばかりの新居で書くことになっていました。ああ、新居に来て早々、仕事があるというのは、うれしいことだなぁ～。初めてここで書く本が、楽しみだぁ～と。

その後、新居に引っ越してまもなく、奇妙なことが起こりはじめました。

誰もいないはずのリビングで、ずっと物音が聞こえるのです。何だろうと行ってみても、なにもない……。しかしソファに誰か赤ちゃんを抱えた女性が座っているのが、ぼんやり視える……。いや、まさか……。

また、あるときには、わたしの名前を呼ぶ声が……それも、わたしの部屋のある2階からではなく、1階から聞こえる……。

その声なのか、音なのかの、出どころを探ろうと、1階に降りて、ごそごそしていると、息子が部屋から出てきて、「さっきから何してるの?」と。

「いや、名前を呼ばれた気がして……」「その声なら、僕もさっきから聞こえている……」「でも、いったい、どこから聞こえる?」「…ん…あっ、ここかも!」

息子が示したのは、1階のわたしの衣装部屋でした。

そこには、セミナーやサイン会やディナーショーのときに着る、絢爛《けんらん》豪華なキラキラのドレスがたくさんしまってあるのです。

そのドレスの部屋から、声は聞こえる!!

でも誰の声、なんと言っている? それがはっきり聞き取れない。

しかし、一番お気に入りのピンクのキラキラドレスをかきわけたとき、わたしは、「誰かがここにいる！」と、感じたのです。そして突如、どーんと沈んだ暗い気分になったのです。

いつもは、そんなことはありません。この部屋は、よろこびの人生を象徴するかのような、ドレスや宝石をたくさん置いてあって、この部屋に入るたびに、わたしは、うれしくてたまらないほどで、家の中でここが一番好きだったのですから。

なんだったんだろう？… 聞こえた声…そして、あの部屋で急に、もの悲しく、沈んだ気分になったのは、どうして？……

そして、その日、夕飯のしたくをしようと、2階のキッチンに行くと、突然、カチャという音が。ふりかえると、なんと！ 勝手にガス台のつまみがまわり、ガスが噴き出てきたのです！

「えっ⁉ うそっ⁉ なんで⁉」

あわてて消したものの、不気味でなりませんでした。

その夜、息子たちとそろって家で夕飯を食べていると、突然、天井にはめ込み式となっている数個の丸いライトのひとつがバンッ！　と大きな破裂音を立て、爆発し、黒い煙を放ったのです。「キャーッ!!」と叫んだ瞬間、バンッ！　バンッ！　と、他にもいくつかが同時に破裂したのです。

思わず声を上げてしまいました。息子たちも、呆然。

すると続けて、他の数か所のライトもチカチカしはじめたかと思うと、スーッと消えてしまったのです。

そのせいで、半分以上の電気が消えたその部屋は、まっ暗に!!

「きゃ～、何、これ!?　怖い!!」と話していたそのとき、突然、玄関のチャイムがピンポーンとなったのです。これには、全員、ビクッとしたものです。

そして息子がインターホンをつけ、誰なのか確かめると、こう言ったのです。「えっ!?　誰もいないよ…」と。わたしも画面を見ると、そこには、ただシャーという音と、斜めに黒いギザギザの影をみせた暗くなった画面だけがありました。

怖いので息子に、「下に行って、玄関をみてきて!! 誰かが何か悪いいたずらでもしてたら、物騒だし」と。そして息子が走って玄関のほうに行ったかと思うと、あわてて戻ってきて、こう言うのです。

「玄関のドアが全開になっていて、外の門まで、開きっぱなしになってた! 僕は帰宅したとき、絶対にちゃんと鍵を2か所ともかけて、チェーンもかけたのに!!」と。

「鍵をかけ忘れたんじゃないの?」

「絶対に違うよ! ちゃんといつものように、かけたよ!! 絶対にちゃんと戸締りした!!」

その夜は、息子たちもわたしも、うす気味悪い気分になって、寝つきが悪かったものです。

翌日、わたしが、〝壊れた電球の球を買いに行かなくては〟と、近くの大型電気量販店に向かっていたときのことです。

途中、信号待ちをしていたとき、突然、誰かに後ろから思い切り背中をドンと突かれ、そのはずみで横断歩道に倒れ、左折して入ってきた車がキキーッと大きなブレーキを立てて止まったのです！

「キャーッ!!」と思わず、まわりにいた人たちは叫んでいました！

わたしは、いったい何が起こったのか、わかりませんでした。倒れたまま、後ろを振り返りましたが、わたしを突き飛ばした人のようなものはなく、むしろ同じように信号待ちをしていたみんなは、「大丈夫ですか!?」と心配そうに声をかけてくれました。

わたしは、心臓がばっくんばっくんしていました。そして、そのとき、ここ一連の奇妙な出来事について確信したのです。

何かしらの霊が家にいるにちがいない!!　そして、今日はわたしを追って一緒について来ている!!

でも誰？　いったい、このわたしに何がしたいの？

……このままでは、怖い!!　危ない!!

そして、わたしは自分が得度した高野山のお寺に電話し、急遽、大阿闍梨《だいあじゃり》様（高僧）に相談に行くことにしたのです。

そのままタクシーをひろい、急いで家に帰って支度をし、まずは南海高野線に乗るために大阪難波へと向かい、その夜はホテルに。そして翌朝早く、高野山へ入ったのです。

このときには、まさかその一連のことが、その時点では亡くなったとは知らなかった担当者からの霊的サインであり、「ねぇ、なみさん、気づいて‼　わたしに気づいて‼　どうしても伝えたいことがあるの‼」と、言っていることなど知るよしもありませんでした。

追って、次のページで、続きをお伝えしましょう。

霊が怖くなくなった日の話

血相かえて高野山まで高僧に会いに！ そのとき、わたしに告げられた言葉

実は高野山に行くためにに自宅を出ようとしたとき、わたしは、思い切り強い力で後ろにひっぱられて、一瞬、動けなくなりました。えっ!?　いったい何!?

そのとき、わたしの洋服が、なぜか玄関ドアのノブに複雑にからまって身動きできなくなっていたのです。

「えっ!?　なんで!?」

それは一瞬の出来事でした。が、〝いきなり、そこまでからまるのか〟というぐらい複雑にからんでいて、わたしは、少しぞっとしながら、それをほどき、家を出たのです。

そのとき、「そこへ行っても、解決にならないよ！」と霊がわたしを止め、「違うよ、行

ってほしいのは、そこじゃない！」と、訴えていることなど知るよしもありませんでした。

それは、その後、すべてが解決したとき、わかったのです。

その時点では、その意味がわからなかったので、わたしは、目にみえない何かしらがわたしを止めているのだろうと感じつつも、それをふりきって血相をかえて、高野山に飛んで行ったのです。

ちなみに、この時点では、まだ、わたしは臨死体験をしていなかったので、いまほどには、「視える・聞こえる・わかる」という能力は、強くありませんでした。それゆえ、解決が遅れたのです。

高野山に着くやいなや、わたしは大阿闍梨様《だいあじゃりさま》にここ一連の奇妙なことについて、必死で話しました。本当に怖い!! と。それなのにそのとき、大阿闍梨様は、こう言ったのです。

「…そうでしたか、そんなことが…わかりました。しかし、わたしは幽霊だのなんだの、そんなことは信じないのですよ」

「えっ!?　大阿闍梨様、信じないって、どういうことですか!?　お坊さまなのに、どうして、そんなことを言うのですか!?　わたしが東京からここまで、うそをつくために来ると思いますか!?」

「…ん…いやいや…霊はいます。そもそも人間自体、霊魂であり、われわれは日々、おつとめして、霊魂を沈め、安らかになっていただくために、存在するわけですからねぇ。

しかし、幽霊というものは信じない……。

いや、そうではなく、何か奇妙な現象が起こったことを、そういう類《たぐい》のもののせいにしたくないと言ったほうがいいでしょうか……。

けれども、もしなにかしらかの霊が、あなたの前に現れたというのなら怖がってはいけませんよ。

怖がったらおかしいのです！　なぜなら、あなたは、この寺で得度して、すでにお坊さまでもあるわけですからね。だから、怖がってはいけません。そもそも霊は、もとは、人間なのですから。

霊を慰め、鎮魂し、安らかになっていただくためには、怖がらずに対峙しなくてはならないでしょ。それが、坊主の務めでもあるのですから」と。

〝怖がったら、いけない…〟では、どうしたらいい？　まだ、はっきりその姿は見えないし、誰なのか、なんなのかは、わからない……。

しかも、いったい、このわたしになんの用なのか!?　……なにを訴えかけているのか、その理由すら、見当もつかない……。

しかし、大阿闍梨様の言う通りかもしれない……と、わたしは、腹をすえたのです。

「わかった。怖がるのは、やめよう！　むしろ、はっきりさせよう！　いったい、何が起こっているのかを!!」と。そして真相を解明すべく、ついに、尊敬する京都のN先生を、そう最強の霊能者であり、修験者に見てもらうしかない!!　と連絡し、自宅にお越しいただいたのです。

そこから、事態は、急展開することになります!!

訴えが通じるまで、不思議な現象は起こり続ける

それは、哀しげに出て行った!?
そして別の方法で訴えを叶えた

京都の霊能者のN先生は、霊媒師《れいばい》となるもうひとりを連れてやってきました。二人で来た理由は、もし家に、なにかがいた場合、その霊を、そこで無理やり昇らせようとすると、抵抗したり、逃げたりして、またここに戻ってくることがあり、そうなってはいけないから、ということでした。

そうならないようにするために、みつけた霊体を、もう一人の霊媒師の体の中に入れて、先生のいる京都へ連れていき、儀式ができる部屋で、昇天させるのだと。そして続けて、こう言ったのです。

「なみさん、この家で最も気になる場所はありますか?」

「わたしが気になるのは、2階のこのリビングのソファと、1階の衣装部屋です」

「なるほど…いま、ぼくが視る限り、ソファには誰もいません…。衣装部屋に案内してください」

「はい……」

そうしてN先生と霊媒師の方とわたしとで、1階の衣裳部屋に行くと、N先生は、すかさず、こう言ったのです。

「…ああ、ここです。はい、はい。いますねぇ…ちょっと待ってくださいよ…ああ、逃げなくていいよ、怖いことしないからね」

N先生は、そう霊に優しく話しかけながら、そこらへんをごそごそしていたかと思うと、「何もしないから、安心して、こっちにおいで。話をしよう」と、愛を持って霊と対峙《たいじ》したのです。

霊がいたのは、ピンクのスパンコールだらけの、わたしの一番お気に入りのディナーショーで使うドレスの後ろでした。

「なんで、こんなところに!?」

と、わたしが聞くと、N先生は、こう言ったのです。

「ちょっと、彼女に聞いてみます」

「彼女？ えっ、先生、それは、女性なんですね？」

「はい。そうです。なみさんちょっと待って、僕がいま聞くから…

うんうん…ああ、そうですか…それで…」


そうやってN先生は、なにやら、ぼそぼそ、その霊と話していたかと思うと、くるりとふりかえって、今度は、こう言うのです。

「憧れていると言っています」

「憧れているって⁉ …それで、わたし、なにか嫉妬《しっと》やねたみでも持たれているのですか？ その方に……。悪い霊ですか？」

「いや、違うみたいですよ。本当になみさんのことが心から大好きみたいです」

「ファンですか？ 誰かファンの人が亡くなったとか？」

そういうと、N先生は、

「なみさん、もっと詳しく話を聞くために、彼女もいっしょに連れて、2階のリビングに行きましょう。あそこのソファにいつも座っていると言っています」

「どうりで…」

「彼女は事情を聞いてほしいと、ゆっくり話したいと言っています。僕が来たから、彼女は、やっと会話ができるとわかって、ほっとしています（笑）」

そうしてリビングに行き、その彼女の霊をソファに座らせると、わたしたちもみんなで彼女をあたたかく囲むようにして座りました。

そのとき、わたしは待ちきれず、N先生にこう問い詰めたのです。

「N先生、この人、誰ですか!? なんのために、わたしの家に、あの部屋にいて、ずっと、わたしを困らせているんですか!?」

するとN先生は、こう言うのです。

「なみさんの仕事関係者だと、彼女は言っています……。なみさん、どなたか亡くなった仕事関係者はおられますか？」

「えっ!? 仕事関係者? いいえ、仕事関係者で死んだ人なんて、いませんよ。

第一、誰かと一度くらいなにかしらの仕事をしたとしても、

こんな怪奇現象を起こされるほど、悪いつきあいをわたしはしていないし…まったく、意味がわかりません…」

「彼女が言うには、なみさんになら、死の真相をわかってもらえ、ご主人に伝えてもらえると思って、ここに来たと言っています」

「ご主人?」

「結婚しており、赤ちゃんもいるんです、この方…」

「赤ちゃん? そういえば、このソファで30歳くらいの女性が赤ちゃんを抱えて座っているのも、わたしもときどき、うっすら視えていました…」

「どうも赤ちゃんを産んで、すぐに亡くなっているみたいですが…

〝自殺ではない!! あれは事故なんです!! それを夫に伝えて!!〟

と、そう言って泣いています。

それで、なみさんのところにきたら、こうして、なみさんが僕とつながっているとわか

っていて僕を連れてくることになるとわかって、今日まで仕向けていたみたいです」

「えーっ!?　でも、先生、わたし、霊の女性が誰なのかわかりません……。夫や赤ちゃん、自殺といわれても…思い当たるふしもなく……。もし、わたしの仕事関係者が亡くなったとしたら、わたしに連絡が入るはずですし…葬式にも呼ばれるでしょ……。

でも、そんな連絡など、誰からも来ていませんし……。

それに、その方、本当にわたしの仕事関係者ですか？　わたしに憧れているというのは本当ですか？

だとしたら、なぜ、わたしを道路で突き飛ばして、危うく車にひかれそうになるところまで、わたしを追い込むんですか？」

するとN先生は、こう説明してくれたのです。

「いや、違うんですよ（笑）。死んだばかりで霊になりたての霊は、力の加減がわからないので、ふつうに、〝なみさん、ねぇ、ねぇ〟と、肩をたたいているつもりがドーンと突き飛ばしたようになってしまうんです。手加減がわからないからです。

生きている人間は、どのくらい押したら、この人が倒れるかわかるものですが、なにせ相手は、死んでいて姿形がありませんからね。エネルギー的存在だから、生身の人間への手加減がわからなかっただけなんです。

…ああ（笑）、驚かせて、ごめんなさいと彼女は言っています」

しかし、それにしても誰？ その時点で、わたしには、思い浮かぶ人がいませんでした。そう、自殺だの、死んだだのという人などは。しかも、なにか霊的な現象を引き起こすような人など、まったく浮かべようにも、皆無《かいむ》でした。

そしてN先生は、わたしにこう言ったのです。

「彼女は相当《そうとう》、なみさんのことが好きで、本当に自分の憧れだったと言っています。一緒に仕事するのを楽しみにしていたと」

「ということは、まだ一緒に仕事をしていない関係者？　いや、したの？」

「とにかく、いつもキラキラのドレスを着て、みんなの前に立つなみさんのようになりたいと、嫉妬とかではなく、純粋に心から憧れていたと。

ああ…それより彼女に聞いてみます…。この家にいたい？と」

「先生、やめてください！　それは困ります。いつまでも、誰かわからないままの人が、いや、霊がここにいたのでは、わたし、怖いじゃないですか!?」

「いや、いや…　聞くと彼女は、なみさんに迷惑をかけたくない…帰りたいと言っています…上がりたいと。昇天して、天に帰りたいと」

そして、彼女が誰なのかをわたしが思いつくことができないことと、このままこの家にいても彼女という霊にとってもよくないということで、N先生が、彼女にこう聞いたのです。

「京都に一緒にくる？　そこで、天に帰るか？」と。

すると、その霊の彼女は、こっくりうなずいたといいます。そのとき、ちょっと、さみしそうだったと。

そして、もう一人の霊媒師さんの体の中に、その彼女の霊を封印し、N先生と霊媒師の方は、そのまま京都に戻られたのです。

そして後日、N先生から、電話がありました。

「なみさん、安心してください。こちらでもうちゃんと彼女の霊を昇天させましたので。ところで、あれから、何か変わったことはありませんか？」

「はい、先生に来ていただいてから、うそみたいに、ぴたっ！　と奇妙なことは止まりまして、いま、とても平和にしています。本当にありがとうございます!!」

そして、わたしは安堵し、やれやれ……。

清々しく、晴れやかで、ようやく仕事に向き合える気持ちになれたのです！

しかし、物語はこれで終わりではありませんでした。

すべてがわかるその日へと、わたしは誘われた！

それは、まわりの人たちの思いやり以外の何ものでもなかったが

京都の霊能者N先生が、わざわざ東京の家に来てくださり、誰だかわからない女性の霊を昇天させてくださったおかげで、すべてがいっぺんに平和になっていました。

わたしは、ほっとして、仕事に向き合う瞬間を、再び持てる日を取り戻したのです。

そんなある日、ふと気になって、気になって、しかたなく、どうしても電話しておきたいところがあり、わたしは一本の電話を入れたのです。

それは、とても自然な流れで、その場面へと、わたしを誘いました。そこには、おだやかで、あたたかい優しい流れがありました。しかし、それは、そのときまで知る由《よし》もない、あまりにもショックで衝撃すぎる、信じられない現実を隠し持っていました！

そのとき、わたしが電話を入れたのは、出版社でした。

雑誌の担当から書籍編集部に念願叶って配属され、生まれて初めて書籍をつくるということになり、それも憧れだというわたしと一緒に本をつくるということで、よろこび、その本づくりの約束をしていた、Kちゃんの出版社でした。

確かKちゃんは実家に帰って出産して、半年くらい経ったら、東京に戻り、会社に復帰すると言っていた……。

その時点で、あの銀座での打ち合わせから4か月くらいが過ぎていました。半年といえば、あと2か月……。もう、そろそろ彼女が、いつ復帰するのか、そのあと、いつから打ち合わせに入るのか、その彼女の状況や本の進行状況のめどが立っているなら、編集長に確認しておきたいと。

そして出版社に電話。すると、Kちゃんの先輩にあたるMさんが出てきて…なんとなく口ごもった感じで、こう言うのです。

「あっ、佳川先生…お世話になっております。編集長から、折り返しお電話していいですか?」と。「はい、もちろんです。よろしく」

そして何分もたたないうちに、編集長から電話がかかってきたと思ったら、これまた、なにか言いづらい様子で、こう言うのです。

「先生…もし、よろしければ、会ってお話ししたいのですが」

「もちろん、いいですよ」

会いに行くと……そこには、Kちゃんの先輩であり、以前一緒に雑誌の取材にも同行してくれたことのある、Kちゃん自身をわたしにつなげたMさんと編集長が神妙なおもむきでいました。そして、ひとことふたこと、たあいない世間話をしたあと、突然、こう言うのです。

「先生…まことに申し訳ございません……。

今回の企画は、なかったことにしていただけませんか……」

そんな言葉で、すでに通って決定している仕事を断られたのはこれまで一度もなかったので、わたしは驚いて、こう聞いたのです。

「えっ!? なかったことにって!? 出していた企画内容に、なにか良くない点がありましたか? もし、気になる点があるというなら、修正するか、企画を改めますが。それにKちゃんも今回、わたしと一緒に本をつくるのを楽しみにしているはずです。だから企画をなかったことにするなんていうのは、彼女が復帰してから、みんな揃ったところで、もう一度、話しませんか?

彼女のいないところで、そんな決定をするのは、かわいそうに思います。なにせ初めて通った企画が大好きななみさんの企画なんです! と、あんなによろこんでくれていたのだし、わたし、絶対にいい本をつくりますから!」

「違うんです、先生……。実は、彼女…、死んだんです…」

その瞬間、わたしは、一瞬、頭が混乱したものの、あっ、もしかして、これまでのことは、このことだったのか！　と。

しかし、いつ？


「えっ!?　うそっ!?　まさか!!…それ、いったい、いつのことですか!?」

「あのあと…銀座で打ち合わせをした、2か月後に…」

「2か月後って…うそ!?　だったら、赤ちゃんは？　もしかして、身ごもったまま亡くなったんですか？」

「いいえ、赤ちゃんは無事、出産しています…その、赤ちゃんが生後2か月で、彼女は…」


そういって、編集長も、先輩のMさんも号泣して……。


わたしは泣きながら、こう聞いたのです。

「どうして彼女が亡くなったことを、教えてくれなかったんですか!?」

「それは…先生にご心配をおかけしたくなかったのと…動揺されて、お仕事に響いてはいけないと思い…」

「…そうだったんですね。実は、わたしに奇妙なことがありまして…こんなこと話しても信じてもらえないかもしれませんが、彼女はそのときから、わたしの家に現れていたんです!! わたしに何かを伝えるために!!」

「先生……それがどういうことなのかわかりませんが…」

「編集長、教えてください!! 何があったんですか! 彼女に!!」

そこで聞いた話は、あまりにもショックすぎることでした。実家に帰って、赤ちゃんを産んだKちゃんは、お乳がうまく出ないことをずっと気にしており、毎日泣いたり、うつ状態になったりしていたのだと……。

そのことを彼女の実家のお母さんは心配して、心療内科のお医者様に連れて行こうとも思ったそうです。しかし、ご近所の人になにか変に思われてもいけない……と思うと、気になりつつも、医者に連れて行けなかったのだと。そして、そのかわり、自分がずっと見はるようにして、様子を見ていたといいます。

彼女は、毎日のように泣きながら、赤ちゃんを抱えて、階段のところに座っていたり、うつろな目をしてボーッとしたりしていることが多かったといいます。

そして、ある日の夜、お母さんが、眠ってしまったあと、それは起こったのだと。

育児ノイローゼのような状態になって、裸足で家を飛び出し、道路で発狂し…通行人たちが制するも止めきれず、車に飛び込んでいったのだと。

生まれて、たった2か月の赤ちゃんを置いて!

彼女は、みんなに自殺したと、思われていたのです!　調査した者たちによっても。

その話を聞いて、すべてがわかりました。

わたしの家に現れていたのは、まぎれもなく、Kちゃんだったのだと!!

そして、自殺ではない!!　事故だ!と。絶対に、なにかがあったのだ!!

…そうでなくては、何かを伝えようと、連日あんな現象を起こせないはずだ！と。

そして、わたしは、これまであった奇妙な出来事について、その霊を京都の霊能者の先生が昇天させたことについて編集長たちに話したのです。

そして、この話を信じる・信じないに関係なく、お線香をあげに行きたい!! 彼女のご主人にも会わせてほしいと、お願いしたのです。

「わかりました！ 先生、一緒に、彼女にお線香をあげに行きましょう！ そして、だんなさんに、赤ちゃんに、会いましょう！」

しかし、物語はこれで終わりではありませんでした。

むしろ、ここから、ようやく始まったのです！ そう、彼女にとっての真実が！

妻の〝訴え〟は、愛する夫の体に現れた

愛しているからこそ、故人は、残された人たちに真相を伝えに来る

早々に、出版社はKちゃんのご家族に連絡をつけてくださいました。そして、わたしと編集長とKちゃんの先輩Mさんの3人は、彼女の家を訪ねたのです。

行ってみると、深い悲しみの中、失くした気力をふりしぼるかのようにして、Kちゃんのご主人が、なんとか気丈にふるまおうと、わたしたちに対応してくださいました。生後2か月で母親を失った赤ちゃんは、ご主人の母親である、年老いたおばあちゃんの胸に抱かれていました。

こんな悲しみがあっていいのか……。

わたしと編集長とKちゃんの先輩にあたるMさんは、順番にお線香をあげさせていただきました。

そして、わたしは不謹慎かとも、そして信じてもらえないかもしれないと思いましたが、彼女の霊がなにかを訴えたくて、わたしの家に現れていたことを伝えたのです。

すると、ご主人は、意外にも、

「…ああ、先生にそんなことが起こっていたんですね…

実は、僕も…奇妙といえば、奇妙なんですが、あることが起こっていまして…」

それを聞いたとき、わたしは、

〝ああ、絶対にKちゃんには、ご主人や、わたしに伝えなくてはならないことがあったのだ！　でも、ご主人も、わたしも、完全にそれを把握できないから、結局、わたしに、京都の霊能者N先生を連れてこさせて、なにかを伝えるしか手段がなかったのだ！〟と、わかったのです。


そして、ご主人に、こう聞いてみたのです。

「あの……霊能者などというと、おいやかもしれませんが、もし亡くなった奥さんであるKちゃんと話せるなら、話したいですか？　もし、Kちゃんの伝えたいことを聞いてあげられるなら、聞いてみたいですか？」

「聞きたいです！　話したいです！　そんなこと、できるんですか!?」

「きっと、N先生なら、伝えてくれるはずです。Kちゃんがあなたに伝えたいことのすべてを！」

「会いたいです!!　僕、その方にお会いしたいです!!　なみ先生、ぜひ、お願いします！」


そうして、わたしとKちゃんのご主人と京都の霊能者のN先生は、わたしの銀座のオフィスで会うことになったのです。


3人がそろったところで、N先生は、まずこう言いました。

「今日はKちゃんを降ろして連れてきました。が、この部屋のドアのところで立ち止まっています。こっちを見ていますが、遠慮して入ってこない感じなんです…なみさんが怖がるとわかっているみたいで（笑）。なみさん、こっちに彼女を呼んであげてください」

「いいよ、Kちゃん、こっちにおいで、わたし怖くないよ（笑）。遠慮せずに、伝えたいことを伝えたらいいいよ。せっかくだんなさまが来ているのだから！」

すると、スーッとKちゃんが部屋に入ってきたのです。わたしはそれがはっきりわかりました。そしてN先生は、こう言ったのです。

「ご主人…Kちゃんが、ごめんなさい、ごめんなさいと、泣きながら何度も謝っています。赤ちゃんをおいて、こんな早くに死んでしまって、ごめんなさい!! と。こんなはずではなかった!! と。

そして、彼女は、〝わたしの死因は、自殺ではない!!〟と、それを必死で叫んでいます。というのも、自分が自殺ということで片づけられてしまって、どれほどみんなが悲しんでいることかと」

「自殺じゃなかったということを、いま彼女の口から聞けただけで、僕は救われました…実は僕…」

と突然、ご主人が号泣し、こう語りはじめたのです。

実は、出産後、ご主人は何日かおきに会社が終わると彼女のいる実家に、会いに行っていたといいます。

ところが仕事が忙しくて、残業が続き、なかなか行けない日が続いていたのだと。そのとき、携帯にKちゃんから電話が頻繁にかかってきて、「いつ、来てくれるの?」「今夜は来てくれる?」と、そればかり聞くようになっていたのだといいます。

しかし、実家のKちゃんのお母さんからは、「あなたも仕事帰りに大変だから、無理しなくていいわよ。わたしもこの子のそばにいるわけだし」と、言われて、甘えていたといいます。

とはいうものの顔を見に行けなくても、毎日、電話やメールは、かかさなかったというのです。やがて、Kちゃんの精神が、なんとなく不安定になっているのが気になったけれど、いつも深夜まで仕事に追われていたのだと。

しかし、ほおっておいたらいけないと思って彼女からの電話には、すぐに折り返していたといいます。

ところが、彼女が亡くなった日のことです。いつもかけてくることのないような時間に電話がかかってきて……。

そのとき、まだ職場にいたご主人のポケットに入っていた携帯が鳴ったのは、夜中の12時過ぎだったと。

ところが、いつもはすぐに電話に出るのに、なぜか、そのときに限って、すぐに電話に出ず、折り返しもしなかったといいます。「もうこんな時間だから、明日の朝、かけ直せばいいか」と。

そして、次にかかってきた電話は、Kちゃんからではなく、Kちゃんが死んだという悲報でした。

そのときのことを、ご主人は涙ながらに、こう話してくれました。

「僕は、あのとき、あれ？　変だなぁ、なんでいつもかけてこないような、こんな時間にかけてくるのだろう？　と、ふと、そう思ったんです。なんとなく、いつもと違う何かを感じていたんです。

そして、いつもなら、かかってきた電話には、すぐ折り返しかけていたのに、なぜか、そのときは、自分も疲れていたのか、ちょっと、めんどうに感じてしまって、あとでいいかと、かけ直さなかったのです。なぜ、そんなことをしてしまったのか……。

もし、あのとき僕が、ちょっと仕事の手をとめて、いつものように電話を折り返しかけて、彼女の話をほんの少しでも聞いてあげていたら、こんなことにはならなかったのではないかと、今日まで、ずっと僕は、自分を責め続けてきたんです！」

それを聞いていたN先生は、突然、口を開いたかと思うと、ご主人にこう聞いたのです。

「ご主人、奥様が亡くなってから、なにか変わったことがありませんでしたか？」

「変わったことって？」

「実は、彼女はずっと、あなたの肩をたたいて、〝ねぇ、ねぇ、わたしはここにいるよ、自殺じゃないよ！　あれは事故なの！　あなたを責めたりしていないよ、どうか悲しまないで！〟と、あなたの肩をずっとたたいているのに、気づいてもらえなかったと言っています」

そして、そのあと、わたしたちは、すごいものを目にすることになったのです！

「あっ、先生、じゃあ、これは、そのことと何か関係ありますか？

…これなんですが」

と、そう言ってご主人が、着ていた服のボタンをはずし、肩を大きく開き、わたしたちに見せてくれたのは、首から肩にかけて、まっ赤にただれている皮膚でした。それは、もう、まっ赤で！

「実は、彼女が死んでから、ずっと肩のところに違和感がありまして……。

それを気にはするものの、どうすることもできず……。

そうしたら、日に日にどんどん赤くなってきて…これね、実は、痛くはないのです。まったく痛くない！

ただ、くすぐったいだけなんです。かゆいというか、ずっと、もぞもぞするというか…

…。一応、皮膚科には行きましたが、原因不明で…」

それを見て、N先生は、すかさず答えました。

「やはり！　はい、それです！　それこそが、亡くなった奥様が、ねぇ、ねぇと、あなたを呼ぶために、肩をたたいていた霊現象の痕《あと》です！　しかし心配なさらなくていいですよ。今日、彼女は真相を伝えられたので、もう、ここで、いま、ほっとし、落ち着いていきます。〝よかった、伝えられて〟と安堵していますので、もう肩をたたくこともないでしょう。明日から、その赤い痕はスーッと消えていくはずです」

亡くなったKちゃんの霊は、話しかけていた!!　まっ先に、愛する人に、気づかれたいと!!　本当のことを伝えたいと！　自殺ではないと！

しかし、気づいてもらえないから、次に、わたしのところへやって来て、それでも、伝えきれなくて、今度はわたしを介して、N先生を連れてきて、すべてを愛するご主人に伝えたのです!!

約束の本は、発売された☆ そして起こった不思議

その本の初版部数は過去最高!!
不思議な売れ方で愛のヒット作に

編集長とわたしと、亡くなったわたしの担当者Kちゃんの先輩Mさんは、みんな同じ気持ちで、あることを決意していました。

それは、Kちゃんが「企画が通った♪」とよろこんで、本をつくるのを楽しみにしていた、あの本（Kちゃんがつくりたいと、通した企画のわたしの本）を、みんなで完成させ、発売しよう！ と、いうことでした。

「あの本、やはり、ちゃんと出そう！

残ったわたしたちで、亡くなった彼女の夢を叶えよう!!」と。

そして、わたしは通した企画の原稿の執筆をはじめたのです。その本の原稿を、わたし

はたった2週間で仕上げました。それは〝書いている〟というより、〝書かされている〟という感じで、何も考えていないのに、言葉がスラスラ出てきました。そして、まったく疲れなかった！　そして、カバー制作もスムーズに進み、本は無事、完成したのです!!

わたしは、その本を元気に書き上げました。彼女の夢を叶えてあげられるのがうれしかったからです！　でも、本の最後の「あとがき」に、Kちゃんの名前を書いたとき、涙があふれてしかたありませんでした。

わたしは、あとがきに担当者の名前を書いたとき、「故・○○さん」とは書きませんでした。彼女はわたしたちの中で生きているので、生前の名前そのままで、感謝の言葉を書きました。

ああ…、彼女が生きていたら、どんなによろこんでくれたことか……。

笑顔が浮かぶ……。

本の見本ができたとき、出版社からKちゃんのご主人にも贈呈されました。そして、わたしに発売部数が告げられたとき、とても驚きました！

それは、わたしの過去の本の初版部数をはるかに上回る最も大きな数字だったからです！

ちなみに現在、わたしは約３６０作品を世に出している著者ですが、Kちゃんの企画した本ほどの大きな初版部数の本は一冊もありません。とても、とても、不思議な流れでそうなったのです！


そして無事、発売日を迎え、わたしは、その日から、彼女の陰膳《かげぜん》（亡くなった大切な人を思い、離れたところにいる者が、そっと手を合わせ、供えものをし、やすらかに眠ることを祈る行為）をし、「成仏してね」と、毎日、お経を唱えていたのです。


すると、ある日、出版社から、こんな連絡がきたのです！

「なみ先生、よろこんでください！　発売早々、重版決定です!!　すごく本が動いているんです!!」

それは、陰膳をして21日目のことでした。21日は仏の世界では、なんでもひと区切りの日数!!

その重版は、たった一回ではなく、そのあと、うそみたいに早いペースで連続重版となったのです!!


そのとき、わたしは、こう思う以外、思いようがありませんでした。

「ああ、これは本が完成され、世に出たことをよろこんでくれているKちゃんが、天から応援してくれているから、叶ったことだ♪」と。


Kちゃん、ありがとう、本当にありがとう！　本が世に出て、よかったね。

これは、まちがいなく、あなたの作品だよ!!


亡くなった担当者の霊の出現によって、わたしは、目に見えない世界がないものではなく、確かにあるのだということを思い知らされました。

それは、何も怖いことや、おどろおどろしいことではなく、大切な人を想う優しい思いや愛、感動がある真実でした。

人は、死んでもなお愛する人や大切な家族への想いを持っていて、いつも伝えようとしている何かがあるのです。それは、こちらが心をひらいて、目覚めた人になるときに、よくよく理解できるということです。

わかっておきたいことは、亡くなった人は、いない人なのではなく、心の中に確かにいる人であり、心の中でますます強く生き続けるものだということです。

そして、会いたい！　と思ったら、いつでも心の中で会えるのであり、そのとき相手もまた、そっと、この現実の中にいる自分に寄り添ってくれているということです。

目に見えない世界にいる存在と、目に見える世界に生きているわたしたちは、いつでも、ともに生きていて、共存していて、名前を呼ぶたび、瞬時につながることができるのです。

そして、だからこそ、いつも一緒だよ！　そばにいて守っているよ！　と、伝えているものです！

霊は、わかってくれる人に語りかける

現れるのは、怖がらせるためではない☆
伝えたいことがあるからこそ

霊の話をすると、怖がる人もいるかもしれませんね。しかし、安心してください。霊は、なにも不必要に、あなたの前に現れることはありません！

たとえば愛と慈悲に満ちた爽やかな霊さんでも、うらみや怨念で悪霊化した霊さんでも、理由がなければ、いちいち周波数を変えて、この地上に姿を現したりしないものです。

霊にとっても、それは大変な作業ですからねぇ〜。めっちゃエネルギー使うわけですから、そんな無駄なことしませんよ。

わかっておきたいことは、霊は、自分の訴えを伝えやすい人、聞いてくれそうな人、わ

かってくれる人、正しく物事を見てくれる人、なにかしらの背景や真実を理解してくれる人、霊的回路（チャンネル）のひらいた人のところに現れるだけだということです。

また、この世の中には、「霊が視える」人のことを、「次元が低いから、霊が見えるんだよ」などと、まちがったことを言うことがいるものですが、そうではありません。

たとえば、ネガティブな感情の残骸《ざんがい》や、うらみ、つらみに満ちた幽霊だとしても、自分の姿を見せる相手が次元が低いから見せているわけではありません。

次元が高い人に、なにかを訴えたい、わかってほしいことがある、改善してほしいことがある、昇天させてほしいと、そういうことのために現れることもあるものです。

実際、セッションの現場で、相談者に生前ひどいことをされ続け、挙句《あげく》の果てに死に追いやられたことで、恨《うら》みの念を抱えて亡くなった人が、もはや悪霊になるしかなくなり、相談者に取り憑《つ》いているのを視たことがあります。その際、なぜ、そのような恐ろしい姿になったのか、なぜその人に取り憑いているのか、その真相を聞かされたことがありますが、取り憑かれた当の本人である、憑かれる原因になるような低次元な言動をとって人を苦しめていたその方には、その霊は視えていないわけですからねぇ〜。

姿を見せずに、やっつけたい目的の相手に復習する霊もあるわけで、それゆえ霊が視える人が低次元の人で、視えないから高次元の人ということは、どうもなさそうです。

悪霊になるしかなかった悲しい女性の幽霊を、そのセッション時に視たわけですが、そんなふうに恨まれることをしてきた相談者自身は、まったく霊を見ることもなく、しかし、その霊の恨みの念のせいで、自分がまさにいま不調にいることも気づかず、それゆえ、おのれの人間性や言動の悪さを改めることができないでいて困った状態になっていたりすることがあるわけです。

ちなみに、わたしが数多くの霊障《れいしょう》のある方を視た経験からお話ししますと、霊が障《さわ》るには、それなりの理由があります。その理由は聞いてみると、まっとうなものがあったりもするということです。

しかし、なかには、「この人が、～したから、こらしめるために憑いている！　改心するまで許さない!!」という、怒っている霊もあったりします。

だからといって目にみえない世界から人を苦しめていいわけではないので、一生懸命こちらが心からお話しすると、たいがい霊もわかってくれます。そして素直な面を出し、「本当は、もう自分も浄化され、天に帰りたい!!」と、言ってくる場合もあるものです。

しかし霊の怒りが強すぎる場合などは、取り憑かれている人を助けようとすると、こちらに向かって、「手出しするな!!」と激しく怒りだす場合もあり、困ってしまうわけですが。

さて、こういった霊とは逆に、守護霊様や先祖霊様などに、とてもあたたかく守護されている方もいます。

そういう場合も、その人自身が、その守護霊様や先祖霊様を見ることはなかったりしますが、姿を視せられたこちらは、どういう理由で守護されているのかその尊い理由や、守っている人へのメッセージを聞くことができ、おつなぎすることができるときは、とても、うれしいものです。

霊は、そもそも生きていた人です。それゆえ生きている人と同じくらい、何かしらの思いや感情や伝えたいことを持っている場合があります。

また、本来、霊はピュアなエネルギーであるがゆえに、清らかで美しい、愛にみちたエネルギーを持っていたりします。

そんな霊というものが、いちいち地上に現れることなく、生前の思いや心残りやなにかしらの無念さをすっかり手放し、おだやかで、やさしく、平和に、天国で安らかに眠れるよう、わたしたち残された人間側は、清らかな心で亡くなった人を思いやり、成仏を祈り、安心していただける生き方をすることが大切なのかもしれません。

Chapter 3

霊さんと、ふつうに話せるようになっちゃいました☆

セッションの現場から☆
本当にあった、ちょっとおっかない話と教訓

家族が忘れていた命日を、告げに来た霊の話

思い出してほしい☆
ただ、それだけでいい！　さみしがらないで！

それは、ある日の早朝のことです。まだ眠くて寝ていたわたしが寝がえりをうち、なんとなく目をあけたとき、そよそよするものが視界に入ったのです。

「えっ？　なに？」と、さらに目をこらしてみると、

なんと！　わたしの寝ている足元から50〜60㎝ほどの高さのところで、宙に浮いたままでいる、3年前に亡くなった親戚のおばちゃんが立っていたのです。

いや、浮いていたのです。

その姿は、わたしにとって「なんで、その格好なの？」という奇妙な姿でした。

というのも、おばちゃんは生きていたとき、いつもパンツルックでてきぱき動く人であったにもかかわらず、なぜか着物を着ていたからです！

「あっ…、おばちゃんだ…でも、なんで着物なん？」と思いながら夢なのか現実なのか、はっきりしない思考の中、なんとか事の真相を確かめようと目をこすって、もっとじっと見てみたのです。

すると、おばちゃんの着ていた着物は、ピンク地に白い細かい小さな花の模様が、肩から胸にかけてと、そでの下のあたりにたくさんついた、とても女性らしいエレガントなものでした。

そのおばちゃんの姿は、半透明のシースルーで、部屋の向こう側が透けて視えており、足首から下は、見えないものでした。しかも、不思議なことに、そのおばちゃんの霊を見ていても、まったく怖くありませんでした。

「そやけど、なんで？　なんで、おばちゃん、そこにいるの？」

と、わたしが心の中で「？」マークを浮かべていると、おばちゃんはこう言ったのです。

といっても口で言うという感じではなく、テレパシーなわけですが。

「Y子（おばちゃんの娘の名前）に、仏壇にビールを供えてほしいと伝えて…。おいしいビールが飲みたい……のども渇《かわ》くし…」と。

そして、わたしが心の中で「わかった。とにかく、Y子に言わないと！」と思ったとたん、おばちゃんに、それが通じたのか、おばちゃんは、スーッと消えたのです。

が、消えるとき、そのまますんなり消えたのではなく、なぜか、おばちゃんは、わたしにそれを伝え終わったと同時に、くるりと後ろを向いて旋回し、後ろ姿で消えていったのです。

とっさに、わたしは、「寝ている場合じゃない!!　このことをいとこのY子に言わなきゃ!!」と飛び起きて、早朝にもかかわらず、すぐにY子に電話したのです。

すると、Y子は「…んん～　もしもし…」と、こんな早朝になんの用だ!!　というかのように、ちょっと不機嫌そうに寝ぼけ声で出てきたものです。

そして、わたしはさっき視たことのすべてを、この不思議を早口でまくし立てるように話したのです。

するとY子は、

「…えっ？　なに？　ビールぅ～？」

「それでな、不思議なことに、いつもはパンツルックのおばちゃんが着物姿で出てきたんや…なんでやろ？」と言ったとたん、さっきまで寝ぼけていたY子は目を覚ましたのか、大きな声で、こう叫んだのです！

「あッ!!　忘れてた!!　今日はお母ちゃんの命日や!!　で、で、着物って、どんな感じのものやった！」

「ピンク地に、白い小さな花模様の……」

「まちがいない、それ、お母ちゃんや!!」

そしてY子が教えてくれたことには驚きました！

おばちゃんは、いつもパンツルックで、女性らしい格好をしたことがないからと、せめて、1枚くらい女性らしい、きれいな着物を着てみたいと、死ぬ間際に着物の反物を買っていたというのです。女手ひとつでY子を育てていたおばちゃんは、本当に始末屋で、高価な買い物など絶対にしなかったといいます。そのおばちゃんが、
「これだけはどうしてもほしい！」と、貯金をはたいてまで、それを買ったというのです。ところが、その直後、おばちゃんは脳溢血《のういっけつ》で突然倒れてしまい、その憧れの美しい反物を着物にすることも、そでを通すことも叶わず、亡くなったのです…。

それをかわいそうに思い、お葬式の日、棺桶を閉じる際にあわててY子が、その反物を入れてあげたというのです。「お母ちゃん、着物やで、天国で着てね♪」と。

それがうれしかったのでしょう。天国で仕立てて、おばちゃんはそれを着て現れたのです！　本当に美しい着物姿でした。

おばちゃんは、ビールが好きで、毎日欠かさず飲んでいたといいます。しかし、Y子はふだんあまり仏壇に手を合わさない子で……。

しかし、命日のときくらいはと、ビールとお花を供えてあげようと思っていたのに、な

ぜか命日間近に、仕事やなんやでバタバタ忙しくしていて、うっかり忘れてしまっていたというのです。

まあ、あんた…、親の命日、忘れるって、ありえませんけどね。

しかし、こうしておばちゃん自身が現れたことで、こうしてはいられない!! と、Y子は、「お母ちゃん、忘れてて、ごめん!!」と心の中で詫び、すぐさまビールやその他のお供え物やお花を買いに行き、手をあわせたのです。

ちなみに当時、Y子は19歳でした。法要やなんやと、そういうことを覚えているのは、むずかしかったのかもしれません。もちろん、おばちゃんも、まだ若いY子を責めたりしていませんでした。

生きていたときのように、「ちょっと、Y子、あんた何か忘れてない?」といった具合です。

それにしても、おばちゃんの霊は、なぜ直接、Y子の前に現れず、わたしの前に現れたのか？

それは『霊は、わかってくれる人に語りかける』のところでもお伝えしたように霊は、わかってくれる人、つまり霊的回路の通じやすい人にしか、現れることができないからです。

いや、もしかしたら、先におばちゃんは、Y子にも何かサインを伝えていたかもしれません。実際、Y子は、「最近、なぜかお母ちゃんの夢をよくみる…」と言っていたのですが、それはただの夢であり、まさか命日を思い出させるサインだとは、わからなかったのでしょう。

こうして、いとこのY子の母親の、そう、わたしにとってのおばちゃんは、「あんたに言うほうが早いやろ」と言うかのように、Y子より霊的回路のひらいたわたしのところに現れたのでしょう。

…おばちゃん、着物姿、きれいだったよ！　とても似合っていたよ♪

もう、おばちゃんは、女手ひとつで、必死で働かなくてもよくなったんだよ。だから着物着て、優雅に天国でくつろいでね♪

病院からついてきた女の子の霊が教えてくれた昇天の方法

心の中でわたしが問いかけたとき、彼女はたんたんと語りはじめた!!

ここで、お伝えするのは、わたしが初めて憑きものの霊から、いろいろなことを教えてもらえるとわかった最初の出来事です。

それまで、わたしはチャネリングや神降ろしの鑑定はしていましたが、憑きものを取るとか、霊に天に帰っていただくとか、そんなこととは無縁でいました。

しかし、この出来事をきっかけに霊と対話することで、その霊自身が、なぜその人に憑いているのか、どこから来たのか、女性なのか、男性なのか、憑いているその人と何か関係ある人なのか、誰でもよくてたまたま憑いたのか、どうして死ぬことになったのか、どんな無念さがあるのか、それゆえ、どうしたいのか、どうなりたいのかを教えてくれ、なんなら天に帰る方法まで教えてくれるということが、わかったのです!

それは、まだ27歳の若い男性の話です。彼は、システムエンジニアとして毎日元気に会社に行っていました。自分の好きな仕事で、とても充実した毎日を送っていたのです。

ところが、ある日を境に、なんだか体がだるく重くなり、疲れが取れなくなってきたのです。次第に気分まで重く、暗くなり、心が憂鬱《ゆううつ》になり…。

さらに体調を崩しがちになり、とうとう会社に行けなくなってしまったのです。

自分では、「起きて、会社に行かなきゃ！」と思うのに、「もういい…」というような、どこか絶望的な気分にも支配され、その状態が3か月ほど続いているというのです。それを心配した母親が、彼をわたしのところに連れてきたのです。

「大丈夫ですよ。何が起こっているのか、ここから視ていきますから」

そういって、わたしが、彼の目を最初に視たとき、〝彼が、彼自身のせいでそうなっているのではない！〟ということが、すぐにわかりました。というのも、目から光が消え、どんよりとし、〝憑いている人特有の目〟になっていたからです。

やはり……。しかし、何が憑いている？　調べなくては!!

その前に一応、彼にもいまのような状態になる心当たりがないかどうか、いくつかのことを聞いてみました。しかし話を聞いても、会社や家にいやなことや、苦になること、落ち込まなくてはならないことなどひとつもなく…また、どこかの神社やお寺やお墓や不気味な場所にも一度も行っておらず……。

「なるほど…、そうですか」

そして、わたしはまず背中のエネルギー層から、彼を詳しく視ていくことにしたのです。するとと、すぐに隠れていた女性の霊が背中のところまで、はっきり浮き出てきたのです。

「わぁ、こんなに若い女の子が！　しかし、この子は誰？」

その浮かびあがった女の子は、小柄できゃしゃなボブカットの、肌の色が真っ白な、というより、青白い女の子で年は19歳だと教えてくれました。

わたしが心の中で「どこからこの子は、彼に憑いてきたんだろう？」と疑問に思っていると、というか自分の中で問いかけていると、その女の子は、それがわかったのか、こう答えてきたのです。

「わたしは、病院から彼に憑いてきました。わたしはうつ病で入院していましたが、自殺しました。もう、この世など、どうでもよかったのです。でも自殺したので、ひとりでは天に昇れず…たまたま病院にやってきた彼に、どこか寂しそうなものがあったのをキャッチし、その寂しさが心地よかったので一緒にいてもらおうと憑いているんです…」と。

あらら、そんなの、あかんよ！

しかし彼女が病院から憑いてきたというので、彼にこのことを話してみたのです。すると彼は、「僕、最近、医者になんか、かかっていません。病院なんか行っていません！」というのです。

あら、おかしなこと…。でも、彼女は病院から憑いてきたと言っている……。

霊は、わざわざウソをつかない！

するとと突然、大きな声で彼はこう言ったのです。

「あっ、思い出しました！　いや、行きましたよ、病院へ。僕が病気をしたというわけではなく、友人が入院したから、お見舞いに行ったんです！　確かに病院に行きました!!　そのとき帰りに、病院を歩いていて、とても気持ちの悪い廊下を通って…。でも、何も気にしないようにしようと思いながら帰ってきた記憶があります」

「なるほどね」

そして、わたしは彼女に聞いてみたのです。

「それで、いつ頃、病院から憑いてきたの？」

「3か月前…」

そして、このことをまだ言わず、彼にも聞いてみました。

「いつ友人のお見舞いに病院へ行った？」

「3か月前です」

「彼女もそう言っている…」

しかし、わかったのはいいが…いったい、どうやったら、この女の子の霊に、彼からどいてもらえるのか？　どうしたら、この霊を天に帰してあげられるのか？

そのときのわたしは、まだ、その術を持ち合わせていませんでした。そこで正直に、その女の子に聞いてみたのです。

「彼には何も罪がないのよ…。だから憑いたままではいけないよ。それに、あなたも、こんなところで、彼に憑いたままでいては浮かばれないでしょ…。ちゃんと、光の国に帰らないとね…」

「彼に憑いていたいわけではありません…帰りたい。あちらの世界に帰りたい!!」

「…もしよかったら、光の船に乗って天国に帰る？」

「光の船に乗せてほしい！」

「わかったわ！」

そうして、わたしは、自分が前からやっている光のエネルギーのワークで彼女を光で満たして包み込み、光の船に乗せ、天に昇らせるワークをしてみたのです。そのとき、そんなことで、本当に彼女が離れてくれるのかどうか、やってみるまでわかりませんでした。

しかし、彼女は、それまで闇にいたせいで、よほど光を必要としていたのか、よほど早く天に昇りたかったのか、わたしが彼女を昇天させるための光のワークを行うと瞬時に、もう本当に瞬間移動のごとく、すごい速さで、ビュン‼ と、彼の背中から消えたのです‼

そして、わたしは、「ありがとう…」と彼女に言いました。離れてくれたのだからね。素直に事情を話してくれて。

椅子に座らせていた彼に、

「もう、憑いていたもの、とれたよ。どう？　なにか感じる？」

「あっ、なんか軽いです。スッキリしました！」

そういう彼の目をみると、キラキラした光がしっかり戻っていました。

さて、もし誰かに何かしらの霊などが憑いているという場合、霊というものが、そもそも人間であったからこそ、思いや感情を持っているからこそ、それなりに尊厳を持って、思いやりを持って対峙する必要があります。また無理やり引きはがすのではなく、話を聞き、悟《さと》っていただき、納得して離れてもらう必要があります。

そして、離れていただいたら、その場にそのままほったらかすのではなく、自分ができるやり方で光でその霊を包み込み、天に向かわせるという気持ちと行為が大切になります。

しかし、そういったことを理解していない、おかしな霊能者は、たいがい憑いている霊を悪者にするかのようなひどい言葉を放ち、ひどいはがし方をするものです。

「この悪者め！　どかないなら、こらしめるぞ！」などと。そんなふうに一方的に悪者扱いされて、気持ちよく離れてくれる霊はいません。

思いやることが人間に対しても、かつて人間であった霊になった存在にでも、大切なことなのです。しかし、感情移入はタブーです。あくまでも、ニュートラルな立場を守ることが重要だったりします。

霊さん、どうやったら、その人から離れてくれますか？ その答え

憑いている理由・離れてくれる方法☆
霊は、すべてを教えてくれる

いまから数年前のある日、わたしを訪ねてやってきたその男性は、よれよれの状態でした。スーツを着ていたものの、なぜかシャキッ！　とはしておらず、首をうなだれ背中を丸め、ふらふらとした足取りで地に足がついておらず、真っ黒なオーラに包まれながら、悲壮感を漂わせてやって来たのです。

顔はどちらかというとハンサムで、スタイルもよく、ふつうなら好感の持てる男性でした。もちろん、何か悪いことをするような人にも見えませんでした。

しかし彼の後ろには、ぷんぷんとどえらく怒った霊がついていて、その怒りからして、それが不調の原因だろうと、すぐに察しがつきました。

しかし、なんで憑いている者は怒っているのか？

とりあえず、その男性から先に話を聞くことにしました。


「…ここのところ不調が長く続いており…」

「不調とはどのような？　体ですか？　心ですか？　仕事ですか？　人間関係ですか？　お金のことでしょうか？」

「何もかもです…何もかもうまくいかず、どんどん運が落ちていくようで次々と悪いことが起こるんです…もう生きていく自信もありません…」

「次々と、とは？　もしかして人やお金や、仕事の取引先など、いろんなものがあなたから手を引いて離れていいます？」

「はい…それだけでなく、弱り目に祟り目というか、体調が悪く…でも病院に検査に行っても、原因不明といわれ…何件もの病院を転々とするも、いっこうによくならず…もう、生きる気力もなく…」


はい、はい。なるほど。これこそが霊障の典型的な状態！

これまで多くの人を視てきた経験上、その人をおとしいれる目的の類の、よろしくない霊がつくと、たいがい、こうなります。

お伝えしましょう！

1☆本人の言動の質が、なぜか別人のように悪くなる（そもそもネガティブな人もいますが、この場合はそうではありません。そもそも、そうではなかった人が、まるで別人になったかのように、言動が悪くなり、人ともめることが増える）。

2☆これまで一緒にいた人や、つきあっていた恋人や配偶者、取引先が「どうもこの人といたくない」と感じるようになり（それは、憑いている霊的なものの不快なエネルギーが、その人を通してまわりに放たれるから）、こちらにとっては理由のない中で、一斉に、離れ、手を引く。

一斉に!! というのが特徴！ もう本当に誰も彼もが離れていきます。

そう、こちらがその人に何も悪いことなどしていないにもかかわらず。

3☆いつもならしないようなミスや、いろんなところでのちょっとしたミスが続いたり、なにかと事故を起こしたり、災難に遭うことが増える。

4☆3までで、かなりまいっているのに、今度は、生活のための仕事を奪われる。生きる資本の体から体力を奪われる。元気を奪われる。
とにかく人生に必要なものすべてを奪われる！
そして、こてんぱんにやっつけられて、じりじりと、苦しい人生を味わわされ、ついに命を奪われる。

その男性は、前述の4のところまで突入していた中、ようやく、わたしのファンであるという知人の女性にすすめられて、わたしのところに来たというわけです。

そして、わたしと男性が話していると、
「そんな男の話より、俺様の話を聞け!!」とでも言うかのように男性の後ろに憑いていた者が〝真実を言いたくてたまらない！〟という様子で、わたしに、こう言ってきたのです。

「俺に早く聞け！」と。


それで、わたしは、男性に「憑いているものがあるので、その存在に、いまから詳しく事情を聴きます」と伝えたのです。

男性は一瞬、「えっ!? 何か憑いているんですか!? どうして？ 誰ですか？」と驚いたものです。


はい。それをいまから、憑きものに聴くんですよ。


憑いているものは、人間ではありませんでした。なにか動物的な存在。しかも自分は神社を牛耳《ぎゅうじ》っているものであり、えらいのだと言い張る存在。しかし、ちょっと可愛いところがあるのは、神様が大好きで、神様に無礼な態度をとる奴を許せないのだという。

そして、この男性に半年前くらいから、憑いているのだと。

こういう場合もテレパシーというか、相手が情報伝達してくるその情報を、こちらが拾い上げている感じなわけですが。

とにかく憑いているものは、半年前に神社の賽銭箱《さいせんばこ》の下にいたところを、この男性に踏みつけられたのだと言います。

わたしは、すかさず、こう言いました。

「だって、あなた…ふつうの人には、あなたの姿は視えないのだから、そんなことで憑くなんて…視えないわけですからねぇ」

すると、それはいいとして本当のことを言いたい!!　というように、こう早口で言うのです。

「いや、俺様とて相手が視えていないことくらい、わかっている。そんなことくらいで怒らない。

しかし、この男は自分勝手で、エゴだらけで、賽銭箱に身銭すら入れず、手前勝手な願いごとをして、おがんだんだよ。そう、人を陥れるようなことをな。そういう悪いことを願ったから許せないいんだよ！

しかも、そのあと賽銭箱の下で気持ちよく神様を守っていた俺様を踏みつけた!!

この男が、あんな手前勝手な人間として許せないようなことを神に願ったことは、断じて許せない。神様をなんと思っておるのか!!

こういう身勝手な奴は、一度、こらしめないといけないから、こらしめているんだ!!」

というのです。


なるほど。理由は、そういうことでしたか。

とはいうものの、あなた、このまま憑いていたらいけないのですよ。あなたも浮かばれる必要がありますからね。もちろん、このあと、わたしにできることはいたしますが。ちょっとお待ちください…。

わたしが、心の中でそう伝えると、憑きものはスーッと穏やかになってくれたのです。

そこで今度は、男性に、こう聞いたのです。

「どこかの神社にいきましたか？　朝とか、昼とか、明るい時間ではなく、夕方くらいに？　うす暗いときに…。

わたしに視えるのは、人けのない小さな祠《ほこら》だけがあり、普段は神主さんも誰もお参りする人もいない、管理が行き届いていない神社なのですが」

すると男性は、こんなことを言うのです。

「…最近、神社に行っていません…」

いや、そんなはずはない！

憑きものは、うそを言いません。こちらが誠実に正直に対峙しようとし、真摯《しんし》に、ていねいに悪意なく、敬意を持って、ものを尋ねると、たいがいは本当のことを言ってくれるものです。

むしろ憑きものは、人に憑いている事情や真相をわかる人に知ってほしいし、なんなら、それを知ったうえで、その人間をなんとかしろ！　と軌道修正対応を望み、自分も天に上げてもらいたいからです。

それで、さらに男性にこう聞いたのです。

「もう一度、聞きます。よく、よく、思い出してくださいよ…。人けのない、小さな祠だけの神社に、神主も常駐していない管理されていないような、廃墟に近い神社に行った覚えはありませんか？」

すると、しばらく頭をひねって考えていた男性は小声でこう言ったのです。

「そういえば…行きました…。誰もいない神社に夕方暗くなってから、誰にも見られないようにして」

「いつ頃ですか？」

「もう半年くらい前かなぁ…。確かに誰もいない、廃墟のような、ちょっとさみしい神社でした」

「なんで、そんなところに行ったの？　さみしい場所に…」

「…それが…いや…ちょっと…、ひっそり拝みたいことがあったもので…」


はい。もう、正解!!


「そこで、何を拝みました？」

「何をって、そんな内容までここで言わなきゃいけないんですか!?」


突然、男性は〝言いたくない!!〟という態度に出たのです。

まぁ、こちらも聞きたいわけではありませんがね。


それで、わたしは憑きものから聞いたことを正直に話したのです。

「その神社で、あなたが、あまりにもエゴだらけの身勝手なことを祈ったので、そういうことを神社で祈る奴は許せないと憑きものは怒っています。

しかも祈ったあと、帰り際にあなたがそれを踏みつけたようですよ。そのときから、あなたを改心させるために憑いていると。

まぁ、だからといって憑かれたら、こっちは、たまったもんではありませんがね」

それを伝えると、男性は、ハッとし、次に必死の形相でこう言ったのです。

「助けてください!! 先生!! 確かに、ちょっとここでは言えないような、人を陥れるようなことを祈ってしまいました」

「たとえば、あいつなんか失敗しろ? というような?」

「…はぁ、まあ…そういうような…。お恥ずかしい…。

でも先生、どうやったら、その憑いてるもの、取れるんですか!? 取ってください!!」

「心の問題なんですよ…こういうのは。

改心しろ…懺悔《ざんげ》を…と言っていますがね、憑きものは」

「はぁ…、ふみつけて、すみません」

男性が、ふてくされてそういうと、突然、また憑きものは、猛烈な怒りとともに、こう言ってきたのです!!

「なんだ、その態度は!!　第一、懺悔すべき点は、そこじゃない!!

わびて改心すべきは、そんなことではないぞ!!

身勝手なエゴだらけのお前の物の考え方であり、人を陥れることを平気で拝むような、その悪態だ!!」と。


それを伝えると、ようやくなにか通じたのか、男性は、しょんぼりしながら、こう言ったのです。

「…すべて僕が蒔《ま》いた種かもしれません…。そういう、いやなものが自分の中にあったからかもしれません…」

「そこを懺悔するだけでいいのですよ、きっと…」

「えっ!?　またあの神社に行ってですか?」

「いいえ、いま、ここで、この場で、心の中で、〝ごめんなさい。自分の気持ちがまちがっていました〟と、素直に懺悔するだけで通じます。

神様に対して、人を陥れるようなことを拝むような自分の悪意に満ちたような汚いものを捨て、改心し、心を洗うだけでいいのです」

実際、心を洗うということは最も尊い、自己浄化作用を発揮します！
そのとき、すべてが、みるみる良くなるものです！

そうして男性が、ほんの1分ほど素直になって黙って手をあわせていると、憑きものがこう言ってきたのです。

「よかろう…、許そう…」と。

本当に心は通じます！　それも、寸分の時差もなく、その瞬間、一瞬で、瞬時に、目に見えない世界へと、通じるものです！

そして、この動物的な、何か人間ではない憑きものは、神様が大好きで、とても心地よく、あの場にいたのです。

そして自分の大好きな、尊敬する神様の御霊を汚すような言葉を投げかけてくるような行為をする人を許せなかったのです。

しかし心を洗い、懺悔し、改心したことは一瞬で通じ、通じた瞬間、憑きものまでもが、清められ、昇天することができるのです！

この神様好きの憑きもののために、わたしは、大きな、大きな、光の乗り物をワークによってこしらえ、その中に入ってもらい、天に上げることを説明したのです。

すると憑きものは、「その前に、水とお酒を…」というので、わたしは、どうぞ♪と、自分が持っていたペットボトルの水と、手のひらいっぱいに握りしめた粗塩を、セッションルームのバルコニー一面にまいてあげたのです。

すると、その瞬間、憑きものは、「ああ、うれしい…、ああ、うれしい♪」と連呼し、ほほえんでいました。

そして約束通り、大きな光の船の儀式をし、「天に帰って安らかにしてね。成仏してね♪」と、天に昇らせたのです。

もう完全に男性からは離れ、二度と戻ってくることはありません。

というのも、それは、その憑きものを悪者扱いして、無理に引き離したのではないからです！　こちらが真摯に対峙し、敬意を持って語り、理解し、憑きものに納得してもらい、浄化し、自らの意思で、天に戻ると言ってもらえたからです！

儀式を終えて男性の顔を見ると、とても清々しい顔をしていて、来たときとはまったく違う、見違えるような、いい顔をしていました。

「どうですか？　体、何か感じますか？　気分は？」と聞くと、

「はい、先生、とっても軽くて、気持ちいいです！　ありがとうございます!!　本当にありがとうございます!!」

さて、これ、漫画のような話に思えるかもしれませんが、本当に憑きものがその人から取れた瞬間、まるで何もなかったかのようにケロッとして、元気にお帰りになるものです。

それを見たときの人間の正しい反応の仕方

目にみえないものが見えてしまったとき、あなたはたいがいこうなる!

これまでわたしが多く霊視を通して視てきたり、実際に肉眼でも見てきた霊は、たいがい半透明のシースルー状態で、足元が足首までしかない状態で宙に浮かんでいたりすることが多々ありました。

それゆえ、それが、〝人間ではないもの〟〝目に見えない世界のもの〟だと、はっきりわかるのです。

ちなみに、そういうものを視たときや見たとき、テレビや映画のそのシーンのほとんどは、キャー!! と、大声で叫んでみたり、「で、で、出たぁ～!!」などと腰をぬかしたりして、なにかとオーバーリアクションをすることが多いものです。が、実際には、そんなことには、なりません。

というのも、それは、わたしがそれを〝怖くない人〟だからではありません。

まず、それは、「見たことのないもの」だからです！


人間、自分にとって、それまで見たこともないものが目の前に現れると、ふつうの反応として、まず、「あれ？　なんだろう？」と疑問に感じ、むしろ、もっとよく確かめようとするものです。

目をこすってみたり、目をよく見開いてみたり、むしろ自らもっとそれに近づこうとしたりして。これ、自然なことです。


それゆえテレビや映画のように、キャー!!　もなければ、腰をぬかすこともありません。

たとえば現れ出たものに対して、〝いま、わたしは目に見えない存在のものを視てしまっているかも!?〟とわかったとしても、それでも、キャーも、腰ぬかしもありません。

というのも、もし人間ではないもの、目に見えない世界の何かを見てしまったときには、ふつう言葉も出ず沈黙したままか、その場に呆然と立ち尽くしてしまうだけだからです。

それゆえ、そのときは怖さをあまり感じません。そこからすっ飛んで逃げることもありません。本当に怖さが襲ってくるのは、すべてが終わって思い出したときです。
「うわぁ〜、ほんまに、あれ、怖かった」と、ぞっとしたりして。

また霊を視るとかいうことに対して、おどろおどろしい感じをイメージしている人もいるかもしれませんが、ふつうに亡くなった身内や知っている人が現れても、おどろどろしくはありません。

一度だけ、「これこそ、ほんまもんの幽霊や〜!!」みたいな、強い恨みの怨念に満ちた霊が人に憑いているのを視たことがあります。さすがに、それは、すさまじいくらいに、激しい怒りと強い恨みと仕返しへの執念に燃えていましたが。それでも、おどろおどろしいという感じではなく…。

というのも、わたしには見えた瞬間、たいがい、なぜ、そうなって、その姿で人に憑いているのか、理由や背景までわかってしまうからです。
「心中、お察しします」「お気の毒に、そんなひどいことをされたのですね」というような気持ちにさせられるものです。

そして、そうなるともう、「幽霊よりも生きている人間のほうが、うそつきで、ごまかしが多く、エゴが強く、残酷で、怖いよね」と思わずにはいられなくなります。
もちろん、そういう人ばかりではなく、ピュアで正直で親切な慈愛に満ちた仏様のような人もいるわけですが。

人間は、自我がある生き物だけに、〝自分さえよければいい〟となりやすいところもあるもので、だからこそ自分をかえりみることや反省すること、懺悔すること、正そうとする心がけや、感謝が大切なわけですがね。

そして、**生きているわたしたちにとって、人としてのあたたかい情や優しい言動やふるまいのある生き方が、なにより大切なのではないかと気づかされるものです。**

伊勢の某旅館で起こった霊的現象

わたしの部屋についてきて、それを叶えた☆
その霊さんの要望とは!?

霊はたいがい半透明のシースルー状態で、宙に浮かんでいると前項でお伝えしました。しかし昨年の夏、わたしが伊勢の某旅館で見たそれは、はっきりとした人間のように見える、シースルーではない姿をしていました。

伊勢参りをしようと、わたしは某旅館に予約を入れたのです。しかし、あまりにも間際だったせいか、いつも泊まっているタイプの本館の風呂・トイレ付きの大きな和室の部屋をおさえることができませんでした。「あいにく、その日は、いっぱいでございまして…」と、言われ。

しかたなく、わたしは旅館の人が「ここしか空いていません」という、別館の、バス・トイレなしの小さな和室を予約したのです。

バス・トイレなしといっても、館内に温泉があるし、トイレも廊下にあるし、それに、その日一日がまんすれば、翌日からは他のホテルに移動するし、まぁいいかと。

そして、その旅館に着き、チェックインの手続きをすませ、別館へと向かったのです。別館に行くには、途中のフロアで降り、渡り廊下を渡る必要がありました。そして、その渡り廊下を渡っていると、一瞬、ぞくっと寒気がしてきたのです。

が、気にしないようにしようとしたら、今度は突然、とんでもなくのどが渇くのです。いや、それまでわたしは水分を取っていなかったわけでもないのに！

とにかくのどをかきむしりたくなるほどの強い渇きが襲ってきて、わたしは、「水、水がほしい!!」という状態になり…。

あちこち見まわしてみると、すこし先に入った角に、自動販売機があるのがわかったのです。「ああ、助かった!!」そして、わたしは一度に４本のペットボトルの水やジュースを買ったのです。

そして、のどの渇きがたまらず、部屋に入る前にと、その場でペットボトルのふたをあけ、ぐびぐび飲んだのです。飲んでも飲んでも、渇きはおさまらず、もう一気に飲み干したほどです。「ああ〜、よかった♪　お水があって♪」と、そこで立ち尽くしていると、人の視線を感じたのです。

気になって、ふと顔をそちらに向けると、そこには黙って、ボーッと立っている15〜19歳くらいの色白の、まだ幼さの残る可愛い顔をした若い男の子がいたのです。

その男の子は、なぜか淡いモスグリーンの明治時代の軍服のような服装でした。その彼を見た瞬間、わたしは一瞬、こう思ったものです。

「ああ、この旅館は、こういう服装の警備員を雇っているのだなぁ」と。そして、「こんにちは♪」と、声をかけたのです。

しかし、無視…。

なんじゃい！　こっちをじっと見ておいて、こっちからあいさつしているのに、無視かい！　まったく最近の若い子は、あいさつもろくにしないなんて。まぁ、いいか。

そして、わたしは、あいさつを返してくれない、その可愛い顔をした男の子のそばをぬけ、ふりかえると、「あれ？」

いないのです！

はやっ！　もういない…どこ行ったんやろ？　さっきの男の子…。

そう思って、何気なく後ろをふりかえると、わたしの後ろに、またボーッと立っていたのです。

なんじゃい！　もう、気持悪いなぁ〜。あいさつもせんくせに後ろにいるんじゃないよ、まったく。

そう思いつつ、両手に抱えたペットボトルやスーツケースが重いので、わたしは急いで自分の部屋に行ったのです。

その部屋に入ったとき、む〜んと鼻をつく、すっぱい臭《くさ》い、重い異臭《いしゅう》がありました。

「うわっ、くさっ!!　使ってなかったんかい、この部屋!!」というような。そして、やれやれと畳《たたみ》のところまでくると、なんだか赤い血痕《けっこん》のようなものがポチポチとたくさんあり、「なんや、この部屋!!　気持ち悪い!!　替えてほしい!!」と思い、部屋から、即、フロントに電話したのです。

「なんだか、この部屋、いやなんです。それに、ちょっと座ろうと、何気なく座布団をめくったら、赤い血のようなものがいくつもあるので、部屋を変えてくれませんか？　携帯で写真を撮って、いまフロントに行って見せますから。これ、部屋をわたしが汚したと思われても困りますしぃ～」

最初、わたしは、その赤い血のような汚れは、てっきり誰かの鼻血かなんかの跡が残ったままになっているのだろうと思っていました。それでも気になってフロントへ。

すると、それを必死にわたしが見せているにもかかわらず、フロントの人は気にしてくれることもなく、「あいにく満室で、そこしかお部屋がなく、替えることができません」と一点張り。

ああ…なんだか、えらい満員のときに来てしまったんだなぁ…。

しかたなく、わたしが部屋に戻ると、なぜか、その赤いものがない!!

あれ!? さっき、座布団の下に確かにあった赤い血のようなもの、どこだった!?

…ない…消えている…まっ、いいか。


そして、わたしは、パソコンを開き、東京の出版社に連絡事項をメールしたり、ブログを書いたりして、しばし忙しくしていたのです。

ふと、時計を見ると、時刻は夕方の16時30分でした。そのとき、この旅館に温泉があることを思い出したのです！

「そうだ！ この部屋、風呂がないのだから、今のうちに温泉に入っておこう！ いまなら空いているかも♪」

そして温泉のあるフロアに向かったのです。洗面器や手ぬぐいや着替えを持って、ルンルンと。

その温泉は、来たとき使った自動販売機と同じフロア。しかし、そのときは何も気にしていませんでした。

そのフロアに着くと、誰もおらず、シーンと異様に静まりかえっていました。

「むしろ、よかった♪　きっと温泉は空いているはず！」

温泉に向かって長い、長い、廊下を歩いていると、突然、廊下の突きあたりにある女湯の暖簾《のれん》の前から、また、あの、軍服姿の若い男の子が歩いてくるではありませんか。しかも足音もなく、スーッと、えらく軽やかに。

そのとき、わたしは、こう思ったものです。

「ああ、女湯の前をどこかの男性客とかがうろついていたらいけないから、女湯のそばを彼は警備しているのね。やはり来たときから、彼がこのフロアにいたのは警備だったんだ」

そう思っている間にも彼はこちらに向かってくるので、しかも、そのときも、彼がシースルーには見えておらず、はっきりとした姿で見えていたので、人間だと疑うこともなくわたしは遠くから、ペコッと頭を下げ、あいさつをしたのです。

「こんばんは♪」

しかし、またもや無視!! えっ？ 聞こえてないの、ならば、もう一度…。

「こんばんは♪」

なんでやねん！ なんでずっと、あいさつしているのに、無視やねん！ ほんまに愛想《あいそう》悪いなぁ～。

そばまで行って、あいさつしてやろう！ と、
わたしは、彼からの「こんばんは♪」という声を聞かないと、いや口をきかないと、気が済まない気分になって、彼を追いかけたのです！

すると、こちらから追いかけているから、近づきそうなものが、なかなか近づけず、あれっ？ と思っていると、いきなり、彼が目の前に、バンッ！と現れたかと思いきや、「こんばんは」の「こん」くらいのタイミングでスーッと左に曲がったので、わたしも、その左へ行こうと駆け寄ってみると、なんと！ そこは壁でした。

彼は、壁に消えたのです！　そういえば、靴…、履《は》いてなかったかも!?

その瞬間、わたしは、シースルーには見えていなかったけれども、確かに、目には見えない存在である彼を視たのだと、はっきり自覚したのです。

うそやろ…、こわっ！

なんだか急に怖くなったわたしは、あわてて部屋に戻ったのです。すると、鍵を何度ガチャガチャやっても、開かない…。

悪戦苦闘して、ようやく鍵が開いて、やれやれと部屋に入ると、奇妙なことが起こっていたのです！

トイレも風呂もないはずのその部屋から、ザーザーと水の流れる音がするではありませんか。どこから聞こえるのかと耳をすましていると、今度は、ぴちゃぴちゃ、ポトポト、ちょろちょろ……と水が流れる音が変化し……。

なんで!? どういうこと!? この部屋、トイレも風呂もないのに、どこから?

そして、わたしは、その音が障子《しょうじ》の向こう側から聞こえるとわかり、エイッ!! と開けてみたのです。

その障子をあけたところは、長い廊下になっていてその廊下の一番はしに、小さな洗面台がついていて、そこの水道の栓があけっぱなしになって水が流れていたのです！

とっさに人間の心理として、「ああ、流れっぱなし！」と閉めましたが、そのあと一瞬、ぞくっとしたものです。

チェックインしたときには、こんな水の音、聞こえてなかったのに、なんで？ と。

そして、そこからまた気を取り直して、パソコンに向かって仕事。

あいさつをしなかった若い軍服の男の子のことも、チラッと思い出しつつも、「なかったことにしよう！ それより、わたしは忙しい！」と仕事をこなしていたのです。

そして、気がつくと、もう夜中の1時…わたしは、床に就《つ》くことに。

しかし部屋の電気を消し、暗くしたとたん、ピシッ！　バキッ！　ミシミシ!!　スタ、スタ、スタ！ドンドンドン!!　と、ラップ音がし始め…。
チャネリングや霊視をしちゃったら最後だ！　そう、対応しなくてはならないからね。
だから、わたしは、そうしないようにし、ラップ音を無視して寝ようとしました。が、どうもその存在がうるさい。もう～!!

しかたなく、何が起こっているのかを視てみることに。

すると、あの挨拶《あいさつ》をしてくれなかったあの男の子、軍服の若い男の子が、現れました。
やはり君、この世の者ではなかったのね。
ごめんね…無視していたのは、わたしのほうだったのかもしれないね。

そして彼は、のどが渇いていたのです！

なにもわたしを怖がらせたかったわけではなく…、ひどいのどの渇きで、死んでいった際の苦しみがいまだとれなくて、さ迷っていたのです。


ああ、そうだったのか！　そして、わたしは、とにかく、のどの渇きをいやしてあげなくてはと、机の上に置いていた数本のペットボトルをすべて開けて、こう言ったのです。

「そこにある飲み物、どれでも好きなものを全部飲んでいいよ。はい、どうぞ」と。

すると飲んでくれたのか、スーッとすべてが静かになったのです。


そして、ここで知ったことがあります。霊は、人間のものを勝手に無断で盗《と》らないということです。「はい、どうぞ」と与えてもらうまで、けなげに待っているということです。

亡くなった人は、勝手に人のドリンクを盗らないし、飲み方がわからないのか困難なのか、とにかくのどが渇くから、温泉という水場や自動販売機や部屋の洗面所の前にいて、飲もうとするけど、飲めずに、しかたなく人間の体を借りて飲むか、わかってくれる人に、のどが渇いている状態を伝えに来るということです。

そらそうだ、うまく飲めないはずだ。こちらの世界は物質の世界で、あちらはエネルギーの世界で、周波数が違うから、異次元のものはうまく取り込めないわけですからね。

それにしても、あんな、若い、可愛い、まだ幼い顔の男の子が、戦争で辛い死に方をしたのだとしたら、戦争の残酷さを思わずにはいられません。

そして、このページを書いているとき、その戦死した若い男の子から、メッセージが届いたので、お伝えしておきます。

きっと彼は、旅館の他のお客さんにではなく、わたしのところに出てきたことに意味を持っていたのかもしれません。きっかけは、お水だったかもしれませんが、本当に与えてほしいのは理解だったのでしょう。戦争は辛い、むごいもので、決してあってはいけないものだ！　と。そして、死んでもなお、こんなに辛いんだよ！　と。

《まだ若い可愛い彼（戦死者）からのメッセージ☆》

いま、この日本に、世界に、生きている皆さま、平和な世の中を本当に心から願っている皆さま、どうか、どうか、わかってください。絶対に、戦争をしてはなりません。
何があっても、どんな理由であっても、戦争をしてはなりません。

戦争などするものではありません。絶対にしてはいけないのです!
兵士たちは誰も皆、戦争など、したくはないのです!

愛する家族や大切な人と離れ、生きて帰れるのか、死んで帰ることになるのかもわからない、自分がどんな無残で残酷な死に方をするのかもわからない、そんなむごい現実の中でなど、誰も生きていたくはないのです。

国の命令だと言われたら、本当に、そうしなくてはならないのでしょうか?

もし国民みんなが一致団結して、「戦争には行きません」と、全員でボイコットすることができたら、誰ひとりとして、戦争に行かなくても済むのかもしれません。

もし、戦争に行かなかったら、どんな処罰があるのでしょうか…。
その処罰も本当は必要あるのでしょうか？

自分が愛する人や大切な人を残して戦場に行ったとき、同じように、愛する人や大切な人を残してきた人を、自分とまったく同じ気持ちで、「戦争などしたくない！」という人を、攻撃するのだとしたら、殺さなくてはならないのだとしたら、いや、逆に、自分と同じ気持ちの人に殺されることになるのだとしたら、こんなに耐えがたい、辛い、悲しいことはないのです。

そこで、誰を殺せましょう。相手は自分で、自分は相手です…。
同じ人間、幸せに生きてもいい運命にあるのに、です。

神さえも、人を殺すことがないのに、どうして人間は人を殺すのでしょうか。
そこに、神の許可もないままに!!

多くの武器を用意し、大勢の人を率いて、たくさんの人を殺し、そうしてまでも、その国が得なくてはならないものとは、いったい何でしょうか…？


これ以上、何かを得る必要があるのでしょうか？

どこかの国になにかを勝たなくてはならない理由があるのでしょうか？


みんなが仲良く、手をとりあい、ほほえみあい、おだやかさと平和と愛のもとで、調和しなくてはならないというのに。

そういう方向で世界を動かすということには、全精力を傾けられないのでしょうか？


戦争で死んだ若者たちは、無念さだけを残して、死にゆきます。

母を、父を、兄弟を、姉妹を、愛する人を、大切な人を思いながら、胸が張り裂けそうな思いの中、無念さでいっぱいの中、死ぬのです。

残された人たちの中には、亡骸《なきがら》さえも戻ってこない人もいることでしょう。

戦争での悲しみは、戦死者一人だけのものでは済まず、その一人一人の背景にあるすべての人を深い悲しみに、不幸に、突き落とすのです。

忘れてはならないこと！　それは、かつての戦争が、幸せをもたらしたことなど一度もなかった！　ということです。

僕たちは、二度と戦争をしてほしくない！

残された人たちが、すべての人類が、永遠に平和でいられることを、願ってやまず、泣いているのです！

どうか、どうか、どうか、このことの大切さが伝わりますように!!

いま地上で生きるすべての皆様に、愛と敬意と願いを込めて！

Chapter 4

大いなる存在たちと、コンタクトする

ハイアーセルフ・守護霊・指導霊からの
スピリチュアル・ガイダンス

高級霊＝ハイ・スピリットからの尊いメッセージ

ひらかれたハートでいるとき、あなたはすごいものをキャッチする！

ここからの言葉は、あなたを生み出した故郷である〝生命の創造の源〟であり、「目に見えない世界」におられる〝高級霊＝ハイ・スピリット〟から、わたしがチャネリング（エネルギー的コンタクト）を通して、いただいた言葉です。

ちなみに、つながったその存在が高級霊＝ハイ・スピリットかどうかは、言葉、ムード、波動によって、はっきりとわかります。

高級霊＝ハイ・スピリットたちは、つねに、愛と慈悲に満ちており、こちらをただ、ただ、あたたかく包み込み、思いやりにあふれた言葉だけを贈ってくれる存在だからです！

そして、それを受け取ったとき、わたしの魂は感動とよろこびで震えました。思わず大粒の涙がこぼれるほどピュアで美しいからです。

一方、高級霊＝ハイ・スピリットではない、次元の低いものには、このようなものがなく、こちらを怖がらせるようなことを言うか、何かしらの交換条件を出してくるだけです。まぁ、そういったものは、すぐにわかりますので、コンタクトすることもありませんがね。しかし、そういう存在もまた、本当は光に満ちた高次の領域に、帰りたがっているわけですが。

さて、前置きが長くなってしまいましたが、その高級霊＝ハイ・スピリットたちから、本書の読者に、わたしたち人間すべてに、あたたかいメッセージをいただきましたので、どうか、頭ではなく、心で受け止めていただけると幸いです。

《高級霊＝ハイ・スピリットからの愛のメッセージ☆》

この本を手に取っておられる皆様、および美しい青い地球にいるすべての皆様、ようこそ、光の国のドアへ♪

わたしたちのうちの一人であるわたしとなる存在は、この役割を、そう、皆様にメッセージを送る役割を、いま、この者（著者）の背後にいる高級霊＝ハイ・スピリットたちに許可を得て、話をさせていただいております。

何者かを名乗るなら…といってもわたしたちには名前などありません。

わたしたちは光の存在であり、姿形や顔はなく、人間のような形をしておりません。光であるのみですから名前などありませんが、ここで皆様にごあいさつしやすいよう、名乗るとしたならば、ジェシーとでもお呼びください。わたしたちのうちのわたしである存在は、この著者をサポートする愛と光の霊峰団のメンバーの一員の一存在です。

このメッセージを伝えることがよろこびに感じ、皆がメッセージを発することを祝福してくれました。

さて、わたしたち、愛と光の霊峰団は、銀河系のはるかかなたの遠い空（宇宙空間）に存在しております。

しかしながら必要とあらば、瞬間移動し、守るべきものの背後に位置し、サポートを惜しみなく差し出すことができます。

しかし、そのためには、ひらかれた心を持っておられる必要があります。というのも、霊的回路がない者には、わたしたちの声やサインやサポートが少々届きにくいところがあるからです。

霊的回路がひらき、目覚めた人でいてくださると、こちらも仕事がしやすいです。

「目覚めた人になる」と申し上げても、それは何も難しいことではありません。

ただ、心のあたたかい、優しい人でいてくださればいいのです。ただ、純粋でいてくだされば いいのです。ただ、こういった目に見えない世界があり、自分がそのことを知らずとも、日夜、守護されていると、わかっていてくだされば、本当はそれで充分です。

しかし、この者（著者）のように霊的探求をよろこんでする者も、この地上にはたくさんおられ、わたしたちは、そういった霊的理解者が増えることで、この地上で一緒に、愛と慈悲と光をひろげる役割を果たしやすくなります。

また、そういった霊的パイプでつながれた地上のメンバーと交信するのは、とても楽しく、有意義なことです。

ここで、もし、わたしたちから、あなたがたに、ただひとつ大切なことを申し上げるとしたら、自分自身を愛し、大切にしていただきたいということです。

あなたがたの守護霊や指導霊はもちろん、わたしたち愛と光の霊峰団メンバーも、あなたのより高い生き方を惜しみなくサポートし、幸せでいてほしいと願っておりますが、肉体レベル、精神レベルで、あなたがたが自分自身を傷つけたり、痛めつけたり、粗末《そまつ》にされては、肉体の修復は大変な作業となるからです。

肉体は、大切な〝魂の入れもの〟であり、死ぬまで大切にすべきものであり、あなたがた自身と一体のものです。

あなたがたが、自分自身を大切にし、自分の内なる世界である心に向き合い、自分を助け、育み、磨きあげ、より良いものにする生き方をしてくださるならば、こちらの世界では、歓喜の声を上げて祝福しております。

あなたがたが、他でもない自分自身をまず尊重し、大切に扱うことを覚えたなら、あなたがたはみんな、他者を、社会を、大切にすることもふつうにできることでしょう。

また、わたしたちは、その方の「目覚めたレベル」によってしか、その方に重要なことをお伝えすることができません。

「より高まる」とわたしたちが言うとき、それは、あなたがたのおられる〝地上の条件〟とは、まったく別のものだと理解していただければと。

申し上げましょう。わたしたちが伝えている「高いレベル」というのは、ハートの純度、霊的理解の深さでしかありません。

この者（著者）がよく使う言葉を借りて説明するとしたならば、たとえば電化製品を使うとき、日本では１００ボルト、アメリカでは２００ボルトというように、流れている電圧が違うものです。

そのとき、違うボルトに違う電化製品をつなげようとしても、回路がつながりません。電流は流れません。

それゆえ、わたしたちとつながるために、よりコンタクトしやすく、より早急にサポートできるように、より一層、この青い地球を愛と慈悲と光で満たせるよう、あなたがたに求める「より高いレベル」とは、心の純度を高めることのみです。それが人間の、この地上の、波動を高めることに他ならないからです。

そして、自分たちの理解の及ばないような目に見えない世界があるということを理解していただければということです。そして、そこから惜しみなく無限の慈愛に満ちたサポートがあるということを、わかっていただけたなら、わたしたちは大変ありがたく、あなたがたを導きやすいということです。

さて、この者（著者）のアイデアとして、設けられたこのページへのメッセージの瞬間に、わたしたち霊峰団は大いによろこび、楽しみ、感激しております。

あなたがたの行う地上での、明るいこと、良いことなど、光に満ちた善行や努力が無駄になるようなことは、決してありません。

それゆえ光に向かって生きていくことを目的とする同じ愛と慈悲と光に満ちた聖なるメンバーでいてくだされば、わたしたちも勇気がでます。

いま、地上の世界には、目を覆いたくなるような出来事が、人間たちによって行われております。

わたしたちはこの美しい青い地球をなんとしても守りたいと切に願っております。そのためにも、ひらかれた意識、目覚めた心、愛と慈悲と光の生き方を目指す人たちを、広く地上に募りたく願ってもおります。

ああ!!　わたしたちのメッセージが、あなたがたのどなたかの心に深く受け止めていただけたなら、わたしたちははるか遠くの領域から、やってきた甲斐《かい》があります。スピリットたちよ、目覚めなさい！　そして、わたしたちと、ともに、光の世界へ参りましょう！

ありがとう！　この瞬間を!!

光の霊峰団のメンバーの一員の一存在
ジェシーより

交信は、ほんのわずかな時間

高い周波数を放つ高次の存在は、長く、地上にとどまれません

さて、前項でお伝えした「高級霊＝ハイ・スピリットからの愛のメッセージ☆」を降ろした際、一度に、ドバーッとすべての言葉がやってきたのではありません。

わたしと交信してくれた高級霊＝ハイ・スピリットは、その間、何度か言葉の途中で、フェードアウトするかのように、スーッと消えていきました。

それは、言葉の途中であっても、おかまいなしに消えていってしまいました。

そのとき、わたしの中にあった、とてつもなく大きな高まりも同時に、スーッと引いていくのを感じ取っていました。

そして、「あっ、あちらが長時間、地上の人間にあわせて波動を落とすのは、大変なことなのだ」と痛感したものです。

ちなみに高級霊たちがこちらをサポートしたいと対応するときには、この地上にあわせて、一万倍以上も波動を落とし、やって来てくれるのです。

さて、それでスーッとフェードアウトされてしまったので、わたしは「この言葉、まだ話の途中みたいだけど、どうすればいい？　もう、これ以上、教えてくれないのかな？」と思って、「どうか続きの言葉をお聞かせください。わたしは無になって受け止め、ひとこともまちがえずに、書き記すことを約束します！」と、愛と感謝と敬意を持って、心の中で呼びかけてみたのです。

すると再び、とてつもなく高いバイブレーションと、大きな高揚感と解放感を放ちながら、光ってまわりを明るくさせながら、やって来てくれ、続きを話してくれたのです。

語るのは、1分くらいの時間ですが、その間、どんなに急いでパソコンを打っても追いつかないくらいのスピードで、莫大な量のメッセージが降ってきます。

そしてスーッと消えるのです。そのあと、再び現れるのはほんの数秒後!!　とても速く、再び来てくれる!!

そんなことが3~4回続きながら、前項のメッセージをいただけたということです。

ちなみに**目に見えない存在は、本来、言葉を持たない存在です。それはエネルギーであり、エネルギーは情報を持っているだけです!**

わたしは交信(チャネリング)し、メッセージを降ろす際には、いつも最初にその大きな波動を感じます。

そして目に見えない世界と目に見える世界の両方のすべての情報を持ったエネルギー体が、最初に何らかの印象、イメージ、ムードといった、ある種のエネルギーを送ってきてくれるのです。

そのエネルギーを読み取りながら、こちらが人間レベルで言語化するような感じです。

しかし、その感覚を言葉で伝えるのはとても難しいことです。それが本物の贈り物であるという、そのやってきたものの信憑《しんぴょう》性を私自身は確信し、感動し、実際に体感していますす。

だからそれでいいのですが、言葉として、文字として、読んでいるだけの人には、どのくらいの感動力で、それが伝わっているのか少し気になるところではあります。

しかし、ひらかれた意識、目覚めた魂の、霊的回路がつながっている人は、きっと、そのシンプルな言葉の中に、とてつもなく大きな愛を感じ、守護されているよろこびに、感動あふれることでしょう。

たとえば、かりにそういったものが、ただのイメージにすぎなかったとしても、前項のメッセージを読めば、心ある人間なら誰もが大切なメッセージだと感じ、そのようにありたいと、自分の心を正そうとするのではないでしょうか。

そして、そこにこそ意味があるのです!!

そうなってこそ目に見えないはるか遠くの世界から、高級霊＝ハイ・スピリットがくれた言葉が、愛の、奇跡の、贈り物となるのです、あなたの中で！

ただ、同調するだけでいい♪

そのサインを知っておきなさい☆
あなたは間もなく引き上げられる！

より高い世界、高次の領域にいる高級霊＝ハイ・スピリットは、とてつもない周波数のエネルギーであるがゆえに、こちらがあちらに合わせて高まりきることなど、到底、できません。どうあがいても、人間であるこちらの周波数のほうが下であり、人間レベルでしかないがゆえに限界があります。

しかし、ある程度まで精神レベルを引き上げ、愛、希望、光、感謝を大切にした生き方をしており、霊的回路がひらいていたら、そして自分を通して他者のためにもなる生き方をしようという尊さを覚えたならば、ふつうにしていても高い次元の存在と同調することができるようになります！

そして同調すると、同調したというサインが必ず目の前に現れます！　絶対に、あるこ

とが起こるのです！　ズバリ、それは円滑現象、シンクロニシティ・幸運の流れ・思いもよらぬ幸運な出来事・ラッキー・チャンス・奇跡です！

同調するとき、高次の存在たちは瞬時に反応してくれ、こちらをさらに引き上げ、サポートすべく、感動的なお世話をしてくださるものです。

なにかメッセージや助け船を出す場合には、タイミングよく、それを送ってくれます！　ときには、こんなことまでしてくれるの!?　というような細かいことまでしてくれますので驚きますし、ありがたすぎます！

さて、目にみえない領域の高級霊＝ハイ・スピリットたちとつながって、守護されて生きる人生を歩んでみたいというのなら、なにはともあれ明るく、元気に、自分らしく、生きることです。そして優しい人でいることです！

高級霊＝ハイ・スピリットは、上機嫌で、ハッピーな存在だからです！

ちなみに、高級霊＝ハイ・スピリットは、どこかの厳しいお坊さんとは違って、「この世は修行じゃ！　自分に厳しくあれ!!」などとは、いいません。

それは、ほほえんで、あなたを包み込むだけなのです。

守護霊さまがついてくださった経緯

あなたを魂ごと好きでいるからこそ☆
今世、最後まで寄り添うのです

まえから知りたかったことを、本書を書いている中で聞いてみました。

それは、守護霊さまがどうして、わたしについてくださり、守り、どのようなお働きをしてくださっているのか、ということです。

それを、ここに書こうとしているそれだけで、慈愛に満ちた大きな愛と光と尊さで、背後からわたしを守り続けている守護霊さまがほほえんで、よろこばしいお顔で、わたしに伝える準備をしてくれているのを感じます。

というと、なんだか準備時間があるようですが、本当は聞いたとたん、瞬時に情報がわたしにもたらされていて、いま、わたしは、そのやってきている情報を受け取りながらも、止めるというか、ため込みながら、まず、この文章を書いています。

あふれ出てくるので、その守護霊さまが教えてくださっているメッセージを、というか情報を、もうお伝えいたしましょう。

守護霊さまがおっしゃるには、守護霊さまは、自らの意思と選択で、わたしの人生を、今世、生涯付き添い、守っていくこと、ともに霊的進化の道を歩いていくことをお決めになったのだとおっしゃっています（きっと、あなたの守護霊さまも、そうでしょう）。

その決定はいつなされたのかというと、わたしが地上に降りることが決定したのと同時に、決定したのだと。

そして、生涯守り通したいと思える魂が現れるまで、つまり地上に降りることが決定したその魂に出逢うまで、守護霊になるための高次元の存在たちは、何年かの年月、といっても２００年とか３００年以上もの年月を、天界での霊性進化に明け暮れたといいます。

そして、そういった霊的進化を遂げた栄えある魂グループの中から、その地上に降りる魂を、愛してやまない者が自ら率先して、任務を担うことを申し出るというのです。同じ光の高次の存在グループに、天界に！

たとえば、わたしの守護霊さまなら、わたしの魂と出逢う何百年も前から天界において霊的進化をするために切磋琢磨《せっさたくま》していて、いつでも人間の、つまり地上に降りていくことが決定した人の魂を、サポートできる状態になってスタンバイしているというのです。

地上に降りるひとつの魂についていける候補者はたくさんいますが、けんかも、争いもなく、無言の、暗黙の了解のうちに、その任務を果したい者が決まるというわけです。

それは、こういう具合です！

「このたび、この者が地上に降りて、魂の探求をすることになりました！」とわかったとき、守護霊になれる高次の者たちは、その地上に降りることが決定した魂の光＝〝輝き〟を見て、その魂がどのような性質を持ち、どのような光を放ち、どのような良きものを地上に届け、どのような目覚めと進化をするのか、どのように他の魂を救うのか、サポートできるのかが瞬時にわかるのです。

そして、その魂が、地上でどのような人生プランの中で遂行するのかを見て（その全容を知って）、わくわく興味がわき、かつ、この魂の性質が好きで、極めて愛すべきものだと感じ、この魂のためなら、自分が天界で霊的進化を果たしたことのすべてを捧げられるというとき、その魂と一緒に地上に降りることをよろこびとし、一生この魂を守りぬくことができる！　と、受け止め、自ら率先して名乗り出て、「この者の守護霊になります」と、天界で意思表明するのだといいます。

その際、他の多くの光の存在たちはそれが正しいということも瞬時に理解し、ふさわしいことだとわかっており、大いに祝福し、見守り、地上に送りだします。

このようにして、守護霊になり、一緒に地上に降りてくることになるのだと、おっしゃっておられます。これもテレパシーでね。

ああ、ここまでのことをお伝えしているだけで、わたしは感動で涙があふれてきます。

しかも守護霊さまは、単体でいるのではなく、天界にたくさん存在する高級霊や指導霊などの高次の存在たちとつねにつながっているので、何かあった際には瞬時にコンタクトを取り、必要なサポートを受け取っており、なんら困ることはないといいます。

そして、このようにも伝えてきています。続きは、次の項で！

守護霊さまからのメッセージ

われわれは、陰になり、日向になりして、常にあなたを守っております

前項の続きとして、どんどんあふれてくる守護霊さまからのメッセージを、ここでもお伝えしましょう！

「わたしたち守護霊団は、無条件の愛と慈悲のもと、あなたがたを守り通しております。そして、地上での成長と進化の旅をともに歩き、より善なる方へと、よろこばしい道へとあなたがたを誘い続けております。しかしながら、わたしたち守護霊団は、あなたがたに、何か人間的にいうところの良いことや、幸運や、プレゼントばかりを運ぶ存在ではありません。

もちろん、ときには、その魂の進化レベルによって、人間的にいうところの褒美《ほうび》となるような出来事が自然現象的に発生し、あなたがたがよろこばれることはあります。

それはまさに、あなたがたの光が強まり、進化したときにだけ起こる天界作用といいますか、霊的作用といいますか、神秘ドアが開いた結果、起こることになるだけのことです。

そして、そういった天界作用といいますか、神的作用といいますか、霊的作用なるものは、本来、日々、起こっているものなのですが、この地上において、ご自身の魂がまだ未熟な場合は、なかなかうまく届かないものでございます。いや、届いていることに気づいていただけないことが多々あるものです。

あなたがたが、少しずつでも、霊的進化を遂げ、より大きく霊的回路が開くことで、こちらからの助け船や差し出すもの、メッセージや、気づきのサイン言葉や、体得すべきものや体験は、たやすく受け取っていただけることになるわけですが。

さて、わたしたちは、あなたがたが、うれしいときも、楽しいときも、幸せなときも、ともにそこにいて、同じものを味わっております。

ときに、あなたがたがうなだれて、うつむき、泣き、悲しみ、苦しみ、痛み、なにかに絶望しているときも、そこで寄り添い、同じものを感じております。

そして、何があっても守りぬこうとしております。

ときには、あえて手助けしない場合もあります。が、ある意味、こちらからいうと、それも大いなる助けであり、守護であり、霊的進化の貢献となっております。

そのようなとき、こちらはじっとこらえて、あなたが何か大切なことに気づくのを、目覚めるのを、そこで成長するのを、待っております。

本来、あなたがたが辛いとき、わたしたちも辛いものです。そのとき、それを一緒に乗り越えているのです。

いいときも、そうでないときも、本意であるときも、不本意なときも、あなたがたはいつもそのときいるべき正しい道におり、最善の道を歩み、行くべき方向へと誘われているものです。

そして途中経過がどうであれ、プロセスが魂の成長に必要であるがゆえに、物事が起こっているだけなのです。

あなたがたは、決してひとりで生きているわけではなく、われわれ多くの進化した高次の存在とともに、天界とともに、大きな役割の中の、ひとつの歯車として、働いておられるわけです。

もちろん、そのことは、魂が地上に降りる前の世界では、あなたがたはすべて承知で地上に降りたわけですが、それを人間として産み落とされたときに、すっかり忘れてしまっただけです。すっかり忘れるのは、忘れているほうが生きやすいからです。

人生のいつ、どこで、どのようなよろこびがあり、どのような悲しみがあり、いつ病気をし、いつ職を失い困ったことになるのか、いつ愛する人と別れるのかなど、そういったことを、もし、すべて、前もってわかってしまっていたら、あなたがたの心が持ちませんし、とても生きづらいことになるものです。

すべてはパーフェクトであるからこそ、いったん、すべてが忘れ去られるようになっているのです。そして、それゆえ、あなたがたは、どの方向に進むのか、どう生きるのかを、そのとき、その場で、自由に考え、選択し、決定し、前に進み、乗り越え、クリアし、魂を進化させることができるのです。

また、それは、すっかり忘れ去られていても魂に刻まれているので、自分の内側に向き合って生きることの中で、ひとつひとつ、最も適切なときに気づき、思い出し、ひろいあげ、生かせるようになっております。

それを思い出しつつ、魂を磨く経験をしつつ、あなたがたはこの地上で、目覚めと霊的進化をすることになるのです。

本来、魂は光であり、霊もまた光です。エネルギーです。エネルギーは、姿や形を持っていません。それゆえ、天界ではなにかを経験することができません。

天界では、経験というものはまったくなく、そこにあるのは、意図したものが瞬時に結果になるという、「結果」の世界があるだけです！

それゆえ、あなたがたの魂はわざわざ異次元の地上に降り、肉体という器に入り、時間・空間・距離のある世界の中で、必要な経験をすることになり、さらに魂を磨き、高め、進化し、任務をまっとうすることになるのです。
わたしたち守護霊団は、あなたがたの生涯をただ見守るだけではなく、ときには助け船を差し出し、大きくサポートすることも致しております。

その助け船は、いつでも、どんなときも、出しているわけではなく、あなたがたの魂が、ここでこそ進化できる！　次のレベルに入る！　という、魂の霊的進化にふさわしいタイミングで、寸分の狂いもなく、みごとに与えられるのです。

さて、ここまでにいたしましょう」

そう言って守護霊さまは、わたしにこのページの執筆を終わらせました。それもまた意味あることなのでしょう！

守護霊さま、ありがとうございます！　今世、一生、ともに、この人生を歩いてくださいますこと、なによりのよろこびであり、感謝しかありません。
本当に、ありがとうございます！

指導霊さまからのメッセージ

大いなる夢と才能を持つ者たちよ☆ それは、われわれの誇りでもある！

あなたを守る者として守護霊さまというありがたい存在が、ずっと寄り添ってくださっているわけですが、その守護霊さまとともに、あなたをより高いレベルで導く「指導霊さま」という存在もおられます。

この指導霊さまは、あなたの持つ特質や才能やなにかしらの智慧《ちえ》や知識や技能など、専門的なことを担ってくださる存在です。その指導霊さまにもメッセージをいただきましたので、ここでお伝えいたしましょう。

「わたしたちは、多くの専門的なことを、かつて地上で経験し、それなりに大きな貢献を果たしてきた者たちです。

この地上で、あなたがたが、かかわる何か特別な知識や技能や才能が、大いに高い力で発揮でき、価値ある仕事となり、地上に残すべき足跡を残すのをサポートすることができる特殊な霊峰団です。

わたしたちは、音楽、芸術、技巧・技能、美術、食の文化と進化、学術、医学、美学、文明開化、霊的ケア、能力開発などなど、あらゆる世界の専門家を携えております。

わたしたちがどなたかをサポートするためにつく際には、その者の力量、仕事ぶり、やろうとしている役割やミッションの大きさによって、選ばれしふさわしい者が、あなたがたの守護霊からの要請《ようせい》により、また、地上での必要コースの出現により、つくことになります。

ある程度のレベルに達したものに、それ以上の役割がまわってくることになっている段階で、つくことになるわけです。

そして、その者をサポートすることで、その者のやっていることや仕事や世界観を助け、広げることができます。そして、そのことを通して、その者が、地上に黄金の足跡を残し、後に続く者たちにも役立つものを生み出せ、地上に新たな進化と未来を創造できるのがわかるとき、好んで、よろこんで、サポートいたしております。

わたしたちがあなたがたのサポートを担うきっかけは、あなたがたの守護霊の判断によります。

ほとんどのことをあなたがたの守護霊団は、広く、大きく担っており、守っているわけですが、専門的なことになると、あるいは、自分の知らない分野になると、あるいは、あなたがたが、守護霊の守備範囲を超える専門的なことをミッションとするようになると、ただちにふさわしい導き手を必要とするのです。

それをしないと、その者をそれ以上、前に進めることができないこともあるからです。

そこで、わたしたちが、守護霊団からのコンタクトと要請により、必要なタイミングで、ここぞというときに、あなたがたの才能や技能や専門的なことを、そのユニークな世界観を、ともに伸ばし、拡大し、高いレベルにし、世に広げることとなります。

自分の専門性を探求し、切磋琢磨し、成長と進化をやめない者のためには、わたしたちはよろこんで大いなるサポートを申し出るものであり、その際には、無限の方法の中から、最も素晴らしい、輝かしい、感動的な方法で、その者を何者かにし、世に出すこともできます。

あなたがたを何者かにするのは、地上でいうところのあなたがたを儲けさせたいからでも、国家の資金を増やすためでもありません。

才能、技術、知識など、何かしらの専門的なことや、その世界観が、美しいものであり、感動すべきものであり、人々の魂の琴線《きんせん》を震わせるものであり、癒《いや》すものであり、軌道修正するものであり、ケアするものであり、魂のよろこびになるからです。

魂の進化とミッション遂行のために、指導霊であるわたしたちはいまかいまかと、素晴らしい才能、技能、智慧、知識、専門性を、よろこんでミッションとする者が出てくるのを期待しているものであります」

神さまとつながる☆

どうすればつながる？ 祈るとき何を伝える？ 答えはシンプルだった!!

神様とつながるには、どうしたらいいのでしょうか？ はい、答えはシンプルです。

「神さま♪」と、心の中で呼ぶだけでいいのです！

それには、まず神様の概念をわかっておくことです。神様は、なにも人間の姿形をした髭の生えた仙人や、ひらひらの衣をまとった美人というのでは、ありません。

ここで、お伝えする**神様というのは、宇宙を創造し、あなたを生み出し、生命を維持させてくださり、今日《こんにち》、こうして生きとし生けるすべてのものを生かしてくださる大きなエネルギーのことです。**

神様については、いろんな考えをお持ちの方がいるでしょうし、実際、古事記などに登場する神様がたは、擬人化され、その特別なお姿まで描かれているものであり、人間っぽい印象を持たれている方もいることでしょう。

（ここでは、なにも「神社」というものの概念や、特定の神社に祀られている神様のことには、ふれておりません。誤解のないよう、お願いいたします）

しかし、あなたの体の中で、あなたが意識しなくても心臓が動き、無意識に呼吸できるということからみても、あなたの中に尊い「神のシステム」が内蔵されており、神の働きがあるのがわかるわけであり、それゆえ、あなたと神は、つねに一心同体なのです。

それゆえ、神様に会いたいとき、つながりたいとき、寄り添ってほしいときには、あなたが心の中で、「神様♪」と呼びかけるだけで、その神様のエネルギーとあなたは一瞬でつながることができるのです！

というか、本来、いちいち呼ばずとも、つながっているわけですが…。

そういったことを意識したいかどうかの問題かもしれません。

そして本当は、自分の中に神があり、神のその働きがあり、呼ぶまえからつながっているのだから、自分自身をまずは大切にし、尊ぶことが重要なのですがね。

あなたが自分を粗末にすると、あなたを創造した神はとても悲しいわけですから。

さて、**「神様♪」と呼んで、神様とつながったとき、あなたはすぐにわかります！　というのも、そのとき、あなたは、あたたかいものに包み込まれ、なんともいえない優しさやよろこびがあふれ、大きく安堵するからです！**

さて、これは余談ですが…。

以前、ある方が〝神様とつながるにはできるだけ頻繁《ひんぱん》に神社に行くことだ〟と思い込み、「神社にせっせと行かないと神様が自分を守ってくれないかも…」と、行けないときには、とても心配になり…。けれども今度は、あちらこちらの神社に、頻繁に行きすぎて、かえっていろいろ気になることが出てきたと、不安になって相談に来られたことがありました。

その女性は、もう、それはそれはあちらこちらに行ってはお札を受けてきて、家中びっしりになっていたのです。それでも神社に足を運べないと、「神様が怒っているかもしれない！」と考えては怖くなり、安心できない生活になってしまったというのです。

わかっておきたいことは、神様は怒ったり罰をあてたり、しないということです。そんなエゴに満ちた人間のように、「おい、お前、先月神社に来なかっただろ！」なんて、怒ったり、責めたりしません。

もし神社に行かなかったら嫌なことが起こったというのなら、〝行かなかったこと〟に対して、自分が自分を責め、ネガティブに反応し、自分が自分に罰を与えるような意識で、それを引き起こしているだけかもしれません。

神は、無条件の愛であり、慈悲であり、光です！　あなたがいかようであっても、無条件に守ってくださっています！　どうか、安心してください。

だいたい、あそこの神社はこんな利益がある、こちらの神社はこんな利益をくれる！と、そんなことだけを目的に、神様を尊ぶ気持ちなしに、神様をつかまえにいこうとするような行為がおかしいのかもしれません。神様は、そんなふうに自分の利益とエゴのために追いかけたおすものではありません。

たとえば、その神様が大好きで、その神様のエネルギーにふれたくて、とにかくおそばにという思いで、自宅にお招きするのだとしたら、その神社で然るべきまつりかたをお聞きし、ていねいにおまつりし、日々尊ぶ気持ちで、感謝する習慣の中にいたいもの。

ちなみに、お水、お酒、粗塩、お米などをお供えするのは、それを神様が食べるということではなく、その「気」をさしあげているということです。

この、見返りを求めていない、〝させていただけるよろこび〟のある「与えの行為」のエネルギーが、天に通じるわけであり…。

しかも、あなたの与えた行為は、後に必ず、なんらかの形で、自分に返ってきます。これは、いいも悪いも、そうなわけですが。

それゆえ、ときどき自分をかえりみたり、改めることは大切なこととなるわけですが。

また、お供えものについて、「えっ!? 毎日、するんですか? じゃまくさくないですか?」などと言う人がいるものです。

ちなみに、わたしは大好きな神様を自宅にお招きした限りは、朝、自分が水を口に含む前に、朝食を食べる前に、お供えをし、感謝の言葉をお唱えしています。

だから、「偉いだろう～!」ということではありませんよ。

そうすると、気持ちいい♪ ということです。自分がね。


たとえば神様に対して、「毎日しなくてもいいんですよね」と思いながら何かをするとしたら、その気持ちもそのまま神様に届いてしまいます。

そのとき、もし神様のほうも、「えっ!? あんたのこと、毎日、守るんですか? それ、じゃまくさくないですか?」「毎日、守らなくてもいいよね」と言ったとしたら、どう思いますか?

とはいうものの、毎日お供えものをしなくても、もちろん、そんなことに関係なく、無条件に神さまはあなたを愛し、守ってくれているわけですが、神様に対する自分の気持ちがどういうものなのかを、自分がかえりみることが大切なのかもしれません。

さて、あなたに叶えたいことがあるとして、そのとき、いちいち神様に、「あれを叶えてください！」「これを叶えてくださいっ‼」と必死に祈る必要はありません。

（もちろん、神社に行ったとき、願い事を書いて、ご祈禱《きとう》を受けたりすることは、とてもいいでしょう。神様にお取次ぎしてもらうことになり、自分も安堵しますし、お神楽を捧げると神様もよろこんでくれますから）。

神様は、あなたの心の中のすべてを、現実の事情を、こちらがいちいち言わずともみなまでわかってくださっており、流れを見守ってくださっており、つねに最善へと導いてくださっています。

叶えるべきものは、叶えられるよう、お力をくださいます。

ですから、こう手を合わせるだけでいいのです。

「神様、いつもお守りいただき、ありがとうございます。

おかげで、大安心をいただいております。

わたしがこうして生かされておりますこと、
心より感謝いたします。今日も、よろしくお願いいたします」

あるいは、

「神様、いつもありがとうございます。

いまわたしには、叶えたいことがあります。

そのことに最善を尽くします!!

お導き、どうぞよろしくお願いいたします」

と。このように、すがるのでも、懇願《こんがん》するのでもなく、〝誓う〟とき、最も叶いやすいものです。


とにかく、これだけで、すべて通じます！　言わずに胸の中にあることまでもが!!

なにせ、あなたの内に神の働きがあるわけですからね。

ちなみに、わかっておきたいことは、神様に何かを叶えさせたり、してもらうのではないということです。何かをするのも、それを叶えるのも、あなた自身です！

神様は、あなたを通して、あなたの叶えたいことを叶えるだけだからです！

「〜してください!!」と、拝《おが》むのではなく、

「〜します！」と、誓《ちか》うとき、最強かつ摩訶不思議な神通力が顕現《けんげん》するのです！

それゆえ、いつでも神様に向かうまえに、まずは、自分自身の心に向かうことが大切なのです。

それがわかるとき、あなたは、何でもうまくやれる人となります。

神様の大いなるパワーと守護のもとで！

テレパシー・コミュニケーション

ハイアーセルフから、今世を生きるあなたへの「運命のガイダンス」

ここではまた、ハイアーセルフから受け取った、この本を読んでいるあなたへの「大いなるメッセージ」をお贈りいたします。もちろん、これまた、テレパシーでやってきました。

「親愛なる皆さま、
あなたがたは、いま、最も大切な場所にいます。
あなたがたは、宇宙の愛と慈悲と正義のもと守られており、
つねに導かれています。
わたしたちは、いつも、あなたがたを幸せにすること、より良い道に乗せること、
より高い領域に連れていくことに最善を尽くしております。

しかし、あなたがたが、
心患うとき、顔がうつむくとき、首をうなだれ肩を落とすとき、
悲しみに暮れるとき、ネガティブな状態に入り込むとき、自暴自棄になるとき、
霊的回線がとぎれがちになり、
わたしたちのサポートやメッセージや霊的パワーが
届きにくくなることがあり、仕事が困難になることがあります。

わたしたちはあなたがたを内側から導くことで
サポートをくりかえしております。

それゆえ、
くよくよしないこと、取り越し苦労をしないこと、
悲しみすぎないこと、怒りすぎないこと、
自分を責めたり、他人を責めたりしないこと…。
どうか、どうか、沈まぬように…。

あなたの感情や心が乱れると、
そのつど霊的回線は乱れます。

回線良好にし、わたしたちのメッセージやサポートが
届きやすくなるよう、
心が晴れること、うれしいこと、楽しいこと、
よろこびに満ちること、心が鼓舞すること、希望が持てることに
向き合うことです。

あなたがたが、高いレベルの夢、志、神聖、霊的進化に関わるとき
わたしたちのメッセージやサポートは、
よりスピーディーに、頻繁に、
あなたがたに届けられることになります。

あなたがたは誰もが、

自分の内側に何を抱えて生きるのかを自ら選び、実行できる存在です。
その選択と実行が良質のものであれば、
それはそのままあなたの現実を良質に創り上げることになるでしょう！

そして、いつでも、自分の心と体を大切にすることです。
心と体のどちらか一方がバランスを崩すと、
どちらか一方もまたバランスを失います。
そして、心と体の両方がバランスを崩すと、
魂がバランスを崩し、人生をさ迷うことになります。
それゆえ、
体を心を、いたわり、癒し、ケアし、
健康的で元気な状態にしておくことです。

わたしたちはあなたがたの魂を愛しています。無条件に愛しています。
あなたが元気なときも病むときも、

成功の中にあるときも失敗の中にいるときも
成熟なときも未熟なときも、
同じ大きさの愛で守っております。

わたしたちは、
あなたの愛とよろこびと希望に反応するのが大好きな霊的集団でもあります。

あなたがたとともにこの地球によろこびの楽園をもたらすことで、
地上の浄化や、エネルギーの高次化は、たやすくなります。
それゆえ、ともに、そこに向かって歩んでいきましょう。
あなたがた、お一人、お一人の魂の光に、愛と敬意と感謝を込めて。

この者のハイアーセルフに、過去世からつながる魂グループの一員
その名を告げるとしたら　リオメッタより」

さて、あなたも自分のハイアーセルフとつながりたいというのなら、そういう存在が自分の心臓のうしろの光の点滅箇所にあり、そこは魂のエネルギーであり、情報を持っているものとして信じて、こう呼びかけてみてください。

「わたしのハイアーセルフさん、いつもありがとう。いまのわたしの○○（仕事、恋愛、お金の事情、叶えたいことなど知りたいことをどうぞ）に、必要な言葉をください」と。

すると、それは、あなたの声なんだけれども、あなたよりワントーンか、ツートーン低い声で、あなたより落ち着きはらった状態で、そのときのあなたに必要なことを、あなたの魂の情報として聞かせてくれます。

それは、いつも、とてもシンプルでわかりやすい言葉で、ときには、あっ、そっか！ というような、あたりまえすぎて気づけなかったことや、ふつうすぎることを言うものです。

しかし、そのシンプルで実行可能な愛に満ちた優しい言葉をひろいあげ、あなたがなにかに気づき、目覚めるとき、途方もなく大きな運命が動きだすのです！

あなたにとってのよろこびも、幸運も、奇跡も、いつも、あなたの内側から始まり、外側に現れるのです。

目に見えるこの現実のすべては、目に見えないあなたの思いや感情やイメージや、夢や志や願いによって成り立っているのです！

それをわかるとき、もはや、あなたは自分を粗末にすることはなく、心をピュアにするしかなく、自分の心に最善を尽くすしかなく、よい言動をするしかなくなります。

それこそが、内なる高次の存在とつながりながら、守護されながら、引き上げられながら、幸運に恵まれながら、奇跡を起こしながら、最善のコースに乗って、今世を生きることになることが、よくよくわかるからです！

感謝をこめた「あとがき」

そのあとどうする☆ 生きてきた人生のあとは!?

肉体は消え、魂に返る、でも思いは残る☆ そこには、愛だけがある!

たとえば、誰かが死んだとき、思いを残し、霊として現れることがある…。

でも、自分はそうならない! とは、言いきれないものです。

もしかしたら、自分も、自分が死んだあと、残された愛する家族や、大切な人のために、天界に行くまでにと、姿なき姿で誰かの前に現れて、何かを必死で伝えることも、あるかもしれません。

そのとき、伝えきれないもどかしさが、何らかの霊的現象を起こすかもしれません。誰にとっても、そういうことは、なきにしもあらずです。

というのも、納得して死んでいく人ばかりではないからです。

家族への思いや愛や、なにかしらの後悔や無念さを残しながら、死んでいく場合も大いにあるからです。

いや、特にそういったものがなくても、ただ、家族に会いたい！ 好きな人のそばにいたい！ 何かをわかってほしい！ という気持ちが強くあったり、死ぬことがいやだと抵抗したりすることも、あったりするかもしれないからです。

ときには、自分が死んだことを受け入れられない、死んだことさえわからないからいつまでもさ迷っているということも！

そういったことを通して思うことは、人間にとっては、生き方というものがとても大切だけど、死に方も大切なのだということです。

そして、どなたかを亡くされた方は、きちんと、手をあわせてあげるという気持ちや、せめて命日を忘れずにいて、おまんじゅうやお花やお線香のひとつも、供えてあげようという心があっても、いいのではないかということです。

ちなみに、先祖供養するのに、莫大なお金をどこかに差し出す必要はありません。

それは、**手をあわせ、その方を思い、ときに感謝をささげることで、瞬時に心はあちらに届き、あちらからも「ありがとう」という思いが瞬時に返ってくるからです！**

目に見えない世界にいる人たち（亡くなった人やあなたを守護する存在、縁のある高次の守護霊団）は、物質的なものを必要としていません。


それは、**心という、精神という、エネルギーのみを、ありがたいと、受け取るのです！**

さて、生き方は自分でいかようにも変えることはできますが、死に方は選べませんし、自分で変えられません。どうやって死ぬのかを、人は死ぬその瞬間までわからないものです。しかも命は突然とられる…。


そして、それゆえ、いえることは、どんな死に際を迎えるのであれ、

「今世、この家族とともに、この愛する人とともに、この仲間とともに生きてこられてよ

かった♪」と心おきなく、安心して天国に行けるようにしておきたいということです。

そのためには、日頃から、家族や愛する人や仲間を大切にし、ちゃんと会えるときには会い、ちゃんと会話できるときには会話し、大切なことを素直に、正直に、慈愛を持って、ことあるごとに惜しみなく言葉にしてちゃんと伝えておくという、そんな生き方が大切になります。

実際、わたしは臨死体験をしたとき、それまで仕事ばかりに明け暮れていて、家族との時間をあまり持っていなかったことに気づいて、後悔したからです。

ちなみに経験からいうと、人は死ぬ際、「ああ、お金持ちになっておけばよかった」とか、「豪邸を立てておきたかった」とか、「もっと有名になっておけばよかった」などとは、微塵《みじん》も思わないものだということです！

ただ、〝子どもたちのそばにいたい…〟〝愛するあの人に会いたい…〟そう思うのみです。自分が〝死にたくない!!〟とすら、思わずに…。

そして、臨死体験以降、家族や大切な人たちには、そのとき伝えられる最善を伝えておく生き方をするようになった、わたしです……。

さて、さて、以前、他の出版社に、今回のような本のテーマを示したときには、「そんなこと、書かないほうがいいですよ」「そんなこと、あまり人に話さないほうがいいですよ」と眉《まゆ》をしかめられ、拒否された経緯があります。

そういう担当者は、この手の話を信じていないし、もちろんそんな世界があることも、理解してくれませんでした。

しかし、だからといって、彼らが悪いのでも何でもありません。

なんでもそうですが、人は自分が見たこともないものは信じようがないのです。まぁ、それも理解できますがね。

たとえば、文明未開の地に行って、携帯電話を見せたところで、携帯の中から遠く離れた人の声が聞こえたり、顔を見て電話できるなんて、信じられないことでしょう。
「うそだ！　そんなことあるはずない！」とね。

目に見えない世界も然りです。

しかし、わたしたちのいる目にみえる現実の世界は、いつも目に見えない世界の働きによって成り立っており、それゆえ思いも具現化するわけです。
そして大切なものは、いつも目に見えないからこそ、心で感じることが、思いやることが、何よりも大切なのかもしれません。

すべての方に愛と敬意と感謝をこめて

ミラクルハッピー　佳川　奈未

《佳川奈未　最新著作一覧》

★『「神様」はこうしてあなたを導いている！』　ビジネス社
★『「白蛇さま」が教えてくれた☆お金に恵まれる生き方』　ビジネス社
★『宇宙は、現象を通してあなたに語る』　ビジネス社
★『あなたの願いがいきなり叶う☆「ヴォイドの法則」』　ビジネス社
★『自分の病気は自分で治す！』　ビジネス社
★『人生が整う「ひとり時間」の過ごし方☆』　ビジネス社
★『「お金」は、スピードに乗ってやってくる！』　ビジネス社
★『船井幸雄と佳川奈未の超☆幸福論』　ダイヤモンド社
★『人生の教訓』　青春出版社
★『あなたの内なる神の声を聞く方法』　青春出版社
★『ほとんど翌日　願いが叶う　シフトの法則』　青春出版社
★『ほとんど毎日　運が良くなる！勝負メシ』　青春出版社
★『お金持ちが持っている富の循環☆スピリチュアル・マネー』　青春出版社
★『「いいこと」ばかりが起こりだす　スピリチュアル・ゾーン』　青春出版社
★『「約束」された運命が動きだす　スピリチュアル・ミッション』青春出版社
★『あなたの意のまま願いが叶うクォンタム・フィールド』　青春出版社
★『運のいい人がやっている気持ちの整理術』　講談社
★『怒るのをやめると奇跡が起こる♪』　講談社
★『幸運予告』☆世界一ハッピーなこれが本当の惹き寄せの法則
マガジンハウス
★『幸運Gift☆』☆作詞家&歌手デビューシングルCD付　マガジンハウス
★『望みのすべてを必然的に惹き寄せる方法』　PHP研究所
★『恋愛革命』　PHP研究所
★『運命の人は探すのをやめると現れる』　PHP研究所
★『恋とお金と夢に効く！幸せな奇跡を起こす本』デビュー作☆ ゴマブックス

※佳川奈未のその他の著書、個人セッションや講座等は、下記公式サイトをご覧ください。
★佳川奈未公式☆奇跡が起こるホームページ（公式）
http://miracle-happy.com/

★佳川奈未☆公式通販サイト『ミラクルハッピー百貨店』
http://miraclehappy-store24.com

★個人セッション・電話de鑑定・各種講座
『ホリスティックライフビジョンカレッジ』公式サイト
https://holistic-life-vision24.com/

佳川 奈未（よしかわ　なみ）プロフィール

作家・作詞家。神戸生まれ、東京在住。株式会社クリエイティブエージェンシー 会長。

「心」と「体」と「魂」に優しい生き方を叶える！「ホリスティックライフビジョンカレッジ」主宰。


「心の法則」をベースにした、生き方・願望実現・スピリチュアル・お金・恋愛・成功・幸運をテーマにした著書の単行本、文庫本、ムック、コミック原作本、電子書籍、PODブック、DVD付ブック、トークCDなど、その豊富な作品数は、約360点（2023年7月現在）。海外でも多数翻訳出版されている。

アンドリュー・カーネギーやナポレオン・ヒルの「成功哲学」「人間影響心理学」、ジョセフ・マーフィー博士の「潜在意識理論」などを30年に渡り研鑽。その学びと実践から独自の成果法を確立させ、「夢を叶える自己実現」「成功感性の磨き方」を通して、人々の理想のライフワークの実現に取り組んでいる。

執筆活動の他、ディナーショーや公演、講演、セミナー、トークショー、音楽ライブ、ラジオ出演、音声配信番組などでも活躍。エイベックスより「幸運Gift☆」で作詞と歌を担当し、作詞家&歌手デビューも果たす。（デビュー曲はエイベックス&マガジンハウス夢のコラボCD付Book『幸運Gift』として発売。JASRAC登録作詞家。）

精神世界にも大いに精通。高野山真言宗のお寺にて得度。大阿闍梨より、僧名:慈観（じかん）を拝受。レイキ・ヒーラー。エネルギーワーカー・チャネラー。ホリスティック・レイキ・マスターティーチャー。慈善事業にも理解を示し、国内・海外問わず、印税の一部を価値ある団体に寄付し続けている。


主宰する「ホリスティックライフビジョンカレッジ」にて、個人セッション・電話de鑑定・各社講座を開催。スピリチュアル系の多くのヒーラーや講師を輩出している。

近著に、『あなたの内なる神の声を聞く方法☆』『お金持ちが持っている富の循環☆スピリチュアル・マネー』『「いいこと」ばかりが起こりだすスピリチュアル・ゾーン』（以上、青春出版社）、『「神様」はこうしてあなたを導いている！』『「白蛇さま」が教えてくれた☆お金に恵まれる生き方』（以上、ビジネス社）など多数。

★佳川奈未公式オフィシャルサイト
『ミラクルハッピーなみちゃんの奇跡が起こるホームページ』
http://miracle-happy.com/

★佳川奈未　本とセレクトグッズの公式通販サイト
『ミラクルハッピー百貨店』HP
http://miraclehappy-store24.com/

★佳川奈未の個人セッション・各種講座が受けられる！
佳川奈未プロデュース&主宰☆心と体と魂に優しい生き方を叶える！
『ホリスティックライフビジョンカレッジ』HP
http://holistic-life-vision24.com/

★佳川奈未インスタグラム
https://www.instagram.com/yoshikawanami24/

★佳川奈未　公式オフィシャルブログ（アメブロ）
https://ameblo.jp/miracle-happy-ny24/

佳川奈未の霊界通信☆

2023年8月1日　　　　　第1刷発行

著　者　佳川 奈未
発行者　唐津 隆
発行所　株式会社ビジネス社
〒162-0805　東京都新宿区矢来町114番地 神楽坂高橋ビル5F
電話　03(5227)1602　FAX　03(5227)1603
https://www.business-sha.co.jp

〈装幀〉大谷昌稔
〈本文組版〉茂呂田剛（エムアンドケイ）
〈印刷・製本〉中央精版印刷株式会社
〈営業担当〉山口健志
〈編集担当〉本田朋子

ISBN978-4-8284-2539-9

佳川奈未の本

「白蛇さま」が教えてくれた☆
お金に恵まれる生き方
金運・財運が急上昇する☆神的メソッド

「神様」はこうして
あなたを導いている！
不思議でリアルな天の秘密

「お金」は、
スピードに乗ってやって来る！
金運招来リアリティバイブル

人生が整う
「ひとり時間」の過ごし方☆
あなたの免疫力がアップする

人生が整う
「ひとり時間」の
過ごし方☆
佳川奈未

心と体と魂と、運によく効く♪
あなたの「免疫力」がアップする！

定価1430円（税込）

「お金」は、
スピードに乗って
やってくる！
佳川奈未

あなたの内なるエネルギーを、
素早く〈換金する方法〉がここにある!!

定価1430円（税込）

God helps those who help themselves.

「神様」は
こうしてあなたを
導いている！
佳川奈未

心と体と日常に現れる〈神のメッセージ・サイン〉
"幸運のサポート"を味方にして、思いのままに生きる♪

定価1650円（税込）

「白蛇さま」が
教えてくれた☆
お金に恵まれる生き方
佳川奈未

ここからあなたも強運になり、
一生、お金に困りません♪

定価1540円（税込）